中华人民共和国法律释义丛书

权威机构专家编写
法律释义标准版本

中华人民共和国
保守国家秘密法释义

李兆宗／主编
童卫东 张予西／副主编

金城出版社 GOLD WALL PRESS 法律出版社 LAW PRESS · CHINA
——北京——

图书在版编目（CIP）数据

中华人民共和国保守国家秘密法释义 / 李兆宗主编；童卫东，张予西副主编 .—北京：金城出版社有限公司：法律出版社，2024.4
ISBN 978-7-5155-2583-9

Ⅰ. ①中… Ⅱ. ①李… ②童… ③张… Ⅲ. ①保密法–法律解释–中国
Ⅳ. ① D922.145

中国国家版本馆CIP数据核字（2024）第020189号

中华人民共和国保守国家秘密法释义

主　　编　李兆宗
副 主 编　童卫东　张予西
责任编辑　陈珊珊　张红蕊
责任校对　王　璐　王晓萍
责任印制　李　滨　耿润瑜
开　　本　787 毫米 × 1092 毫米　1/16
印　　张　17.25
字　　数　200 千字
版　　次　2024 年 4 月第 1 版
印　　次　2024 年 4 月第 1 次印刷
印　　刷　三河兴达印务有限公司
书　　号　ISBN 978-7-5155-2583-9
定　　价　45.00 元

出版发行　**金城出版社有限公司**　北京市朝阳区利泽东二路 3 号　100102
　　　　　　法 律 出 版 社　北京市丰台区莲花池西里 7 号　100073
网　　址　www.lawpress.com.cn　**销售电话**　010-83938349
电子邮箱　info@lawpress.com.cn　**客服电话**　010-83938350
举报盗版邮箱　jbwq@lawpress.com.cn　**咨询电话**　010-63939796

前　　言

2024年2月27日，国家主席习近平签署第20号主席令，公布了第十四届全国人大常委会第八次会议修订通过的《中华人民共和国保守国家秘密法》（以下简称保密法），自2024年5月1日起施行。

保密法的修订以习近平新时代中国特色社会主义思想为指导，深入贯彻党的二十大精神，贯彻落实党中央关于保密工作的决策部署和习近平总书记重要指示批示精神，立足新时代新征程保护国家秘密安全需要，进一步完善了党管保密的体制机制，细化了定密解密管理要求，健全了保密管理制度，规范了保密监管措施，完善了法律责任，为维护国家主权、安全、发展利益提供了坚强法治保障。

为了学习宣传实施好保密法，我们组织编写了《中华人民共和国保守国家秘密法释义》。该书对保密法修订背景进行了介绍，对保密法法条进行了逐条释义，力求对保密法各项规定进行全面、准确、深入阐释。希望该书的出版，有助于广大干部群众深入学习掌握保密法，认真贯彻落实保密法，依法保守国家秘密，切实维护国家安全和利益。

本书编写组

2024年3月

目　　录

第一部分　释　　义

第二部分　附　　录

第一部分　释　　义

第一章　总　　则

本章共12条，主要规定立法目的和依据、国家秘密概念、保密工作领导体制、保密工作原则、保密义务、保密管理体制、保密宣传教育、保密科学技术、保密工作规划和经费预算、保密人才队伍建设和表彰奖励等。

第一条　为了保守国家秘密，维护国家安全和利益，保障改革开放和社会主义现代化建设事业的顺利进行，根据宪法，制定本法。

【释义】　本条是关于立法目的和依据的规定。

保守国家秘密是制定本法的直接目的。“保守国家秘密”，是指保护、严守国家秘密而不泄露。保守国家秘密是一种国家责任和国家行为，必须通过体现国家意志的法律加以实施和规范。

保守国家秘密是为了维护国家安全和利益。国家秘密是国家安全和利益最重要的信息表现形式，是国家的重要战略资源。国家秘密一旦泄露，可能直接危害国家政治、经济、国防、科技、文化、外交等方面的安全，直接损害国家利益。只有依法加强对国家秘密的保护，才能从根本上维护国家安全和利益。

保障改革开放和社会主义现代化建设事业的顺利进行，是党和国家保密工作的根本目标。保密工作历来是党和国家的一项重要工作。在党和国家革命、建设、改革的各个历史时期，保密工作发挥了保生存、保胜利和保安全、保发展的重要作用。进入新时代，保密工作“保党的长期执政地位、保国家安全、保人民幸福、保民族复兴”的重要性更加凸显，保密工作面临的形势严峻复杂、挑战前所未有，必须加快实现转型升级，为以中国式现代化全面推进强国建设、民族复兴伟业提供坚强保密保障。

宪法是本法的立法依据。《中华人民共和国宪法》（以下简称宪法）第五十三条规定，中华人民共和国公民必须遵守宪法和法律，保守国家秘密。本法根据宪法制定，以法律制度对贯彻落实宪法义务作出具体规定，是保护国家秘密的基础性、综合性法律。

第二条　国家秘密是关系国家安全和利益，依照法定程序确定，在一定时间内只限一定范围的人员知悉的事项。

【释义】　本条是关于国家秘密概念的规定。

国家秘密的法定概念由3个要素构成，一是“关系国家安全和利益”，二是“依照法定程序确定”，三是“在一定时间内只限一定范围的人员知悉”。

关系国家安全和利益，是构成国家秘密的实质要素。秘密，是一种客观存在的社会现象，根据涉及的利益不同，大体上可以分为国家秘密、工作秘密、商业秘密和个人隐私。关系国家安全和利益，是国家秘密的本质属性，是国家秘密区别于其他秘密的关键所在。《中华人民共和国国家安全法》（以下简称国家安全法）第二条将国家安全定义为“国家政权、主权、统一和领土完整、人民福祉、经济社会可持续发展和国家其他重大利益相对处于没有危险和不受内外威胁的状态，以及保障持续安全状态的能力”。国家安全和利益，主要包括国家领土完整、主权独立不受侵犯，国家经济秩序、社会秩序不受破坏，公民生命、生活不受侵害，民族文化价值和传统不受破坏等。在我国，国家安全和利益与广大人民群众的根本利益是一致的。“关系国家安全和利益”，是指某一事项一旦泄露会使国家安全和利益受到损害，主要包括危害国家防御能力，危害国家政权的巩固和使国家机关依法行使职权失去保障，影响国家统一、民族团结和社会安定，损害国家经济利益和科技优势，妨碍国家外交、外事活动正常进行，妨碍国家重要保卫对象和保卫目标安全，妨碍国家秘密情报的获取和削弱保密措施有效性等。

依照法定程序确定，是构成国家秘密的程序要素。一项关系国家安全和利益的事项，应当依照法定程序确定为国家秘密，受到法律保护。确定国家秘密是一种法定行为，必须严格依照法定程序进行。“法定程序”由保密法律法规规定的定密权限、依据、方法和步骤构成。“依照法定程序”，是指根据定密权限，按照国家秘密及其密级具体范围的规定，确定国家秘密的密级、保密期限、知悉范围，并作出国家秘密标志，做到权限法定、依据法定、内容法定、标志法定。是否属于国家秘密或者属于何种密级不明确或者有争议的，按照国家有关规定确定。

在一定时间内只限一定范围的人员知悉，是构成国家秘密的时空要素。它表明，国家秘密应当限定在一定的时间和空间范围内。“在一定时间内”表明国家秘密有一个从产生到解除的过程，不是一成不变的。机关、单位在确定国家秘密密级的同时应当确定其保密期限。“只限一定范围的人员知悉”表明国家秘密应当而且能够限定在一个可控制的范围内，这也是秘密之为秘密的关键所在。机关、单位在确定国家秘密密级的同时应当确定其知悉范围，并采取严格保密措施，使之不超出限定的知悉范围。

第三条　坚持中国共产党对保守国家秘密（以下简称保密）工作的领导。中央保密工作领导机构领导全国保密工作，研究制定、指导实施国家保密工作战略和重大方针政策，统筹协调国家保密重大事项和重要工作，推进国家保密法治建设。

【释义】　本条是关于保密工作领导体制的规定。

党对保密工作的统一领导，是保密工作的本质特征，是保密工作长期实践和历史经验的总结，是做好保密工作的最大政治优势。我们党自成立之日起，就高度重视保密工作。1921年，党的一大通过的《中国共产党第一个纲领》作出了“保守秘密”的规定。1922年，党的二大通过的《中国共产党章程》将“泄露本党秘密”作为违纪行为予以规定。党对保密工作的统一领导根植于党带领人民进行革命、建设、改革的伟大实践中，为保证党和国家事业安全发展发挥了重要作用。保密法明确将“坚持中国共产党对保守国家秘密工作的领导”写入总则，是坚持党对保密工作统一领导的重要体现。

坚持党对保密工作的领导，主要体现在：一是坚持党中央对保密工作的集中统一领导，保密工作重大事项向党中央报告，重大决策由党中央决定；二是坚决贯彻落实党中央关于保密工作的决策部署，确保党的保密工作方针政策落实落地；三是坚持和完善党对保密工作统一领导的体制机制，充分发挥各级党委（党组）及其保密委员会总揽全局、统筹谋划、协调各方的作用，认真落实党政领导干部保密工作责任制，压实党管保密政治责任。

中央保密工作领导机构，是指中央保密委员会。中央保密委员会是党管保密的专门组织，在党中央领导下，统一领导全国保密工作，负责全国保密工作的顶层设计、统筹协调、整体推进、督促落实等职责任务。

第四条　保密工作坚持总体国家安全观，遵循党管保密、依法管理，积极防范、突出重点，技管并重、创新发展的原则，既确保国家秘密安全，又便利信息资源合理利用。

法律、行政法规规定公开的事项，应当依法公开。

【释义】　本条是关于保密工作原则的规定。

第一款明确保密工作的基本原则。2014年4月15日，习近平总书记在中央国家安全委员会第一次全体会议上首次提出总体国家安全观。党的十九大将坚持总体国家安全观纳入新时代坚持和发展中国特色社会主义的基本方略，并写入党章。党的二十大报告强调“必须坚定不移贯彻总体国家安全观，把维护国家安全贯穿党和国家工作各方面全过程，确保国家安全和社会稳定”。保密工作处于反窃密防泄密斗争的第一线，与国家安全各领域高度融合，是国家安全体系的重要组成部分，必须积极践行总体国家安全观，构建更加科学、完善的国家秘密管理体系，做到国家安全领域拓展到哪里，保密工作就覆盖到哪里。保密法明确“坚持总体国家安全观”，是贯彻落实党中央决策部署的重要举措，也是适应新的形势任务发展的必然要求。

“党管保密”，是做好保密工作必须坚持的政治原则。坚持党管保密，就是要坚持党中央对保密工作的集中统一领导，坚决贯彻落实党中央关于保密工作的决策部署，坚持和完善党对保密工作统一领导的体制机制，压实各级党委（党组）和保密委员会政治责任，确保国家保密法律法规严格施行。

“依法管理”，主要强调的是依照国家法律法规管理国家秘密，在法治轨道上推进国家秘密治理体系和治理能力现代化。坚持依法管理国家秘密，是全面依法治国、建设法治中国的必然要求；是推进保密依法行政，不断提升保密工作制度化、规范化、程序化水平的迫切需要。坚持依法管理，就是要坚持科学立法，建立完备的保密法律制度体系，将保密工作的各个方面纳入法治轨道，不断提高立法质量；坚持严格执法，优化行政执法体制，全面推进严格规范公正文明执法，完善行政执法程序，强化行政执法监督，提升行政执法水平；坚持公正司法，严肃查处保密违法行为，依法追究法律责任；坚持全民守法，切实提高公民保密意识、普及保密常识，在全社会营造自觉守法的良好氛围。

“积极防范”，是保密工作实践经验和特点规律的科学总结，主要强调的是主动、事先的防范，以防止窃密泄密为出发点，构筑人防、物防、技防相结合的坚固的综合防范体系。坚持积极防范，就是要下先手棋、打主动仗，积极主动、关口前移，加强风险评估、监测预警，及时发现和消除泄密风险隐患，从源头上防止各类泄密事件发生，确保国家秘密安全。

“突出重点”，主要强调的是确保核心秘密的绝对安全。国家秘密信息涉及领域广、数量大，应当根据保密管理对象涉密程度不同，采取相应的保护措施，合理分配保密资源，把核心秘密作为重点加以保护，增强保密工作的针对性和实效性。比如，对绝密级国家秘密、保密要害部门部位、核心涉密人员、绝密级信息系统等，必须采取更严格的保密管理措施。同时，突出重点不是“只要重点”，不意味着对非重点可以放任不管或是放松管理，国家秘密在任何一个地区、部门或环节被泄露，都会损害国家安全和利益，影响保密工作的整体效能。因此，在加强对核心秘密重点保密管理的同时，必须坚持全面管理，实施综合防范。

“技管并重”，主要强调的是保密工作必须既注重保密管理又依托科学技术，两者齐头并进。重科技，就是充分发挥科技在保密工作中的支撑和引领作用，加强保密工作基础性、前瞻性、战略性理论研究和科研攻关，加快实现高水平科技自立自强，切实提升保密技术防护水平。重管理，就是持续优化保密管理体系，改进保密管理方式、完善保密管理流程、提升保密管理效能，提高管理的科学化、精准化、规范化水平。

“创新发展”，主要强调的是加强保密理念、体制机制、方法手段和科学技术创新。做好新时代新征程保密工作，必须主动适应保密形势任务要求，应势而动、顺势而为，坚持创新发展，以科技创新为支撑，以管理创新为抓手，以制度创新为保证，完善保密创新体制机制，营造创新发展环境，增强自主创新能力，打造创新型人才队伍，推动保密事业转型升级。

“既确保国家秘密安全，又便利信息资源合理利用”，是“统筹发展和安全”在保密领域的具体体现，在确保国家秘密安全的同时，充分遵循信息化条件下信息资源利用和管理的客观规律，建立科学有效的保密管理制度，推动信息安全有序共享和高效利用，增强社会发展活力。

第二款明确法律、行政法规规定公开的事项，应当依法公开。这一规定是为了正确处理公开与保密的关系，既确保国家秘密安全，又充分保障公民的知情权、参与权和监督权。信息公开与国家秘密保护是一个问题的两个方面，是辩证统一的，都是为了维护国家和人民的利益。该公开的不公开，不该公开的公开，都会损害国家和人民的利益。“依法公开”，一是指法律、行政法规要求公开的必须公开，不得以保密为由不予公开或者拒绝公开；二是指公开前必须依法进行保密审查，公开事项不得涉及国家秘密；三是指公开的程序和方式必须符合法律规定。

第五条　国家秘密受法律保护。

一切国家机关和武装力量、各政党和各人民团体、企业事业组织和其他社会组织以及公民都有保密的义务。

任何危害国家秘密安全的行为，都必须受到法律追究。

【释义】　本条是关于保密义务的规定。

第一款明确国家秘密受法律保护原则。国家秘密直接关系国家安全和利益，必须受到法律保护。总则部分明确宣示国家秘密受法律保护，有利于明确保守国家秘密的国家责任，有利于强化机关、单位及相关人员特别是涉密人员的保密职责，有利于增强机关、单位和公民的保密意识。目前，我国已初步形成以宪法为依据，由保密法、保密行政法规、保密规章、其他法律中涉及保密管理的法律规范、国际条约共同构成的保密法律制度体系，为维护国家秘密安全提供了法治保障。

第二款明确保密法律关系的义务主体。保密法律义务是宪法义务的具体化。义务主体包括一切国家机关和武装力量、各政党和各人民团体、企业事业组织和其他社会组织以及公民。“国家机关”，是指中央和地方各级国家权力机关、行政机关、监察机关、审判机关、检察机关。“武装力量”，是指中国人民解放军现役部队和预备役部队、中国人民武装警察部队和民兵。“政党”，是指中国共产党及参政的各民主党派。“人民团体”，主要包括各级工会、共青团、妇联、工商联、青联、科协、台联、侨联等团体。“企业事业组织”，企业组织主要包括以营利为目的，运用各种生产要素，依法从事生产、流通和服务满足社会需要的经济活动，实行自主经营、自负盈亏的社会经济组织；事业组织主要包括国家为了社会公益目的，由国家机关举办或者其他组织利用国有资产举办的，从事教育、科技、文化、卫生等活动的社会服务组织。“其他社会组织”，主要包括经各级人民政府部门登记注册的社会团体、基金会、民办非企业单位等。“公民”，是指具有中华人民共和国国籍的人。

上述义务主体可以分为两大类，一类是国家秘密知悉范围内的主体，一类是国家秘密知悉范围外的主体。这两类主体承担的保密义务有所不同。如，国家秘密知悉范围内的人员，应当依法保守、保护所知悉、管理的国家秘密；国家秘密知悉范围外的人员，不得非法获取国家秘密，不得非法持有国家秘密载体，在国家秘密安全受到威胁时应当采取保护措施并及时报告。

第三款明确危害国家秘密安全的行为必须受到法律追究。“危害国家秘密安全的行为”，主要包括严重违反保密规定的行为，泄露国家秘密的行为，境内外一切组织、机构和人员非法获取国家秘密的行为等。对危害国家秘密安全的行为，应当按照情节轻重，依法追究法律责任。严重违反保密规定，应当追究行政责任的，依照《中华人民共和国公务员法》（以下简称公务员法）、《中华人民共和国监察法》（以下简称监察法）、《中华人民共和国公职人员政务处分法》（以下简称政务处分法）等法律处理；情节严重，构成犯罪的，依照《中华人民共和国刑法》（以下简称刑法）等追究刑事责任。

第六条　国家保密行政管理部门主管全国的保密工作。县级以上地方各级保密行政管理部门主管本行政区域的保密工作。

【释义】　本条是关于保密工作主管部门的规定。本条与第七条、第八条共同规定了我国保密管理体制。

健全保密管理体制是加强保密工作的必然要求和重要保证。党和国家历来十分重视保密工作管理体制建设。1951年政务院颁布《保守国家机密暂行条例》，同年提出了“建立统一的、国家规模的保密工作机制”的要求。1988年保密法确立了国家保密工作部门主管全国保密工作，地方保密工作部门主管本行政区域内保密工作的体制框架。2010年保密法将1988年保密法中的“国家保密工作部门”修改为“国家保密行政管理部门”，明确了保密行政管理部门的行政执法地位。

各级党委保密委员会办公室和各级保密行政管理部门实行“一个机构两块牌子”，既是本级党委保密委员会的办事机构，又是同级政府职能部门。党的中央委员会设立保密委员会，是党管保密的专门组织，统一领导全国保密工作；中央保密委员会下设办公室，与国家保密局“一个机构两块牌子”，既是中央保密委员会的日常办事机构，也是主管全国保密工作的国务院职能部门。县级以上地方各级党委设立保密委员会，是党管保密的专门组织，下设保密委员会办公室，与同级保密局“一个机构两块牌子”，既是保密委员会的办事机构，也是主管本行政区域保密工作的政府职能部门。上级保密行政管理部门对下级保密行政管理部门实行业务指导。这种工作体制是在党和国家保密工作长期实践中形成的，有利于充分发挥党管保密的政治优势和组织优势，有利于推进全面依法治国背景下保密依法行政。

“国家保密行政管理部门”指国家保密局。国家保密局主管全国保密工作，主要职责有：贯彻党中央、国务院有关保密工作方针、政策、决定、指示，依法履行行政管理职责；制订全国保密工作计划并组织实施，提出改进和加强保密工作的全局性、政策性建议；拟订保密法规，经国家立法机关审定颁布，制定或会同中央有关部门制定保密规章制度，负责保密法规的解释；依法组织开展保密宣传教育、保密检查、保密技术防护和保密违法案件调查处理工作，对机关、单位的保密工作进行指导和监督管理；代表国家处理涉外有关保密工作事务等。“县级以上地方各级保密行政管理部门”指省级、市级、县级保密局，在上级保密行政管理部门指导下，依法指导、协调、监督本地区机关、单位的保密工作。

第七条　国家机关和涉及国家秘密的单位（以下简称机关、单位）管理本机关和本单位的保密工作。

中央国家机关在其职权范围内管理或者指导本系统的保密工作。

【释义】　本条是关于机关、单位保密工作职责的规定。

第一款明确机关、单位保密工作职责。机关、单位的保密工作是我国保密管理体制中不可缺少的重要组成部分。本法规定的“机关、单位”，是指各级党的机关、人大机关、行政机关、政协机关、监察机关、审判机关、检察机关和各民主党派机关、群团机关，以及日常工作中产生、接触、知悉国家秘密的企业事业单位、社会组织和其他组织。“管理本机关和本单位的保密工作”，主要包括：贯彻落实保密工作方针政策，健全保密管理制度，完善保密防护措施，开展保密宣传教育，组织保密自查自评，协助开展失泄密案件调查，对发现的泄密隐患采取补救措施并及时整改等。

第二款明确中央国家机关保密工作职责。中央国家机关在其职权范围内，管理或者指导本系统的保密工作，是指中央国家机关作为本系统业务工作主管部门，除负责管理本机关的保密工作外，还应当对本系统的保密工作负有管理或者指导责任。这种管理或者指导，应当与业务工作管理关系保持一致。业务工作接受上级业务部门垂直管理的单位，保密工作以上级业务部门管理为主，同时接受地方保密行政管理部门的指导；业务工作接受上级业务部门指导的单位，保密工作以地方保密行政管理部门管理为主，同时接受上级业务部门的指导。无论实行哪一种管理方式，中央国家机关与地方保密行政管理部门都要加强配合，互相支持。

第八条　机关、单位应当实行保密工作责任制，依法设置保密工作机构或者指定专人负责保密工作，健全保密管理制度，完善保密防护措施，开展保密宣传教育，加强保密监督检查。

【释义】　本条是关于机关、单位保密工作责任制的规定。

规定机关、单位实行保密工作责任制，体现了宪法第二十七条关于一切国家机关“实行工作责任制”的要求。保密工作责任制，是保密法律制度的重要内容，也是加强保密工作的重要保证，主要包括党政领导干部保密工作责任制、保密工作岗位责任制、定密责任制、保密要害部门部位负责人及工作人员责任制、涉密信息系统管理和维护人员责任制等。实行保密工作责任制，有利于加强保密工作组织领导，明确相关人员保密工作职责，确保保密工作落到实处。

在保密工作责任制中，党政领导干部保密工作责任制尤为重要。按照党政领导干部保密工作责任制有关规定，机关、单位的党政主要领导干部是保密工作第一责任人，对本机关、本单位保密工作负总责；分管保密工作的党政领导干部对保密工作负具体领导责任；分管业务工作的党政领导干部在职责范围内对保密工作负直接领导责任。党政领导干部未履行保密工作职责或者履行职责不力，致使职责范围内存在泄密隐患、发生严重违规行为或者泄密事件的，应当根据情节轻重，采取约谈、督促整改、责令作出书面检查、通报批评、党纪政务处分等措施；构成犯罪的，依法追究刑事责任。

在保密工作责任制中，保密工作岗位责任制同样不可或缺。岗位责任制，即工作人员应当对本岗位的保密工作负责，这是确保保密工作落到实处的重要保证。机关、单位工作人员做好保密工作，依法严格履行职责义务，是各项保密管理措施落到实处的关键环节。无论是在涉密岗位工作的人员还是非涉密岗位工作的人员，都有义务保守工作中知悉的国家秘密，严格按照保密法律法规和机关、单位保密工作制度要求，采取措施，确保国家秘密安全。

“依法设置保密工作机构或者指定专人负责保密工作”，这既是保密工作责任制的具体要求，也是落实保密工作责任制的有效保障。当前，保密工作形势依然十分严峻，保密工作力量薄弱、机构队伍建设不适应工作需要的问题还一定程度存在。为保证保密工作有人管、有人做，本条对保密工作机构队伍建设作出明确规定。涉密程度高、产生秘密多、保密任务重的机关、单位，要设立专门的保密工作机构或者配备专门从事保密工作的干部；其他机关、单位也要指定专门的工作人员负责保密工作。

“健全保密管理制度”，是指机关、单位依据有关保密法律、法规、规章的规定，结合本机关、本单位涉及国家秘密的具体情况，制定本机关、本单位的保密制度。主要包括：国家秘密确定、变更和解除制度，国家秘密信息及国家秘密载体保密管理制度，信息系统和信息设备保密管理制度，信息公开保密审查制度，保密要害部门、部位保密管理制度，涉密人员保密教育和管理制度，保密工作责任制考核制度等。

“完善保密防护措施”，是指机关、单位为确保国家秘密安全所采取的管理措施和技术措施，一般包括人防、物防、技防等。比如，对保密要害部门、部位防护，要符合保密标准；对涉密信息系统实行分级保护，采取技术防护措施等。

“开展保密宣传教育”，是指机关、单位应当定期对工作人员特别是领导干部和涉密人员进行保密工作优良传统、保密工作形势任务、保密法律法规和保密技术防范知识等方面的宣传教育和培训，以增强保密意识和保密技能。

“加强保密监督检查”，是指机关、单位对本机关、本单位内部保密管理的组织领导、制度建设、宣传教育、防范措施等日常工作情况进行自我监管、自我检查和自我评价。

第九条　国家采取多种形式加强保密宣传教育，将保密教育纳入国民教育体系和公务员教育培训体系，鼓励大众传播媒介面向社会进行保密宣传教育，普及保密知识，宣传保密法治，增强全社会的保密意识。

【释义】　本条是关于保密宣传教育的规定。

保密宣传教育是增强保密意识、学习保密技能、提高保密素质、加强保密能力建设的基础性、先导性工作。大力开展保密宣传教育，充分发挥保密宣传教育的作用，对于确保国家秘密安全具有重要意义。

各级保密行政管理部门和机关、单位要根据形势任务需要，以领导干部、涉密人员、公务员和保密干部为重点对象，以党和国家保密工作优良传统、保密工作形势任务、保密法律法规、保密知识技能等为基本内容，组织开展形式多样的保密宣传教育活动。同时，面向社会公众开展保密普法宣传和保密常识宣传，为做好保密工作营造良好社会环境。

将保密教育纳入国民教育体系，主要是指将保密教育纳入小学教育、初中教育、高中教育和高等教育等各阶段教育过程。要将保密教育与理想信念教育、革命传统教育、国家安全教育、法治教育、警示教育等有机结合，推进保密知识进教材、进课堂，开展在校学生保密意识教育和保密常识教育。

将保密教育纳入公务员教育培训体系，主要是充分发挥党校（行政学院）、干部学院、保密学院、培训基地等主阵地、主渠道作用，通过脱产培训、党委（党组）理论学习中心组学习、开设保密讲座、在职自学等多种方式，全面增强公务员保密知识和保密技能。

鼓励大众传播媒介面向社会进行保密宣传教育，旨在引导社会公众牢固树立保守国家秘密的意识，自觉履行保守国家秘密的义务。要充分利用传统媒体和新兴媒体，结合“4・15”全民国家安全教育日、全国保密宣传教育月、国家网络安全宣传周、“12・4”国家宪法日等重要时间节点，在全体公民中广泛开展保密宣传教育活动，增强公民保密意识、普及保密知识常识，在全社会营造保密工作良好氛围。

第十条 国家鼓励和支持保密科学技术研究和应用，提升自主创新能力，依法保护保密领域的知识产权。

【释义】 本条是关于保密科学技术的规定。

国家鼓励和支持保密科学技术研究和应用，就是要围绕保密工作的需求，加强保密工作基础性、前瞻性、战略性的理论研究和科研攻关，突破核心关键技术，研发推广创新成果，强化科研成果转化和推广应用，真正把科研成果转化成为保密工作战斗力，进一步增强与高科技窃密相抗衡的技术能力。

提升自主创新能力，就是要加快实现高水平科技自立自强。创新发展是保密工作与时俱进，更好维护国家秘密安全的内在要求。当前，新一轮科技革命正在加速演进，云计算、人工智能、大数据等新技术、新应用层出不穷，对保密科技创新提出更高要求。党的十八大以来，保密战线按照党中央决策部署，坚持创新驱动，扎实开展各项保密科技工作，为形成基本防控能力、维护党和国家秘密安全做出重要贡献。新时代新征程，要继续将自主创新摆在保密科技发展的突出位置，进一步完善科技创新体制，加快突破关键核心技术，提高保密科技能力，为保密工作高质量发展提供更加有力的科技支撑。

依法保护保密领域的知识产权，是对保密科技创新的法律保障。以法律形式明确规定对保密领域知识产权予以保护，一方面，有利于激发保密科技创新主体的活力，鼓励技术发明创造，提升创新能力。另一方面，有利于推动保密科技领域创新成果的高效转化，让更多高新技术应用到安全保密产品和保密技术装备中，构建现代保密技术防护和监管体系。

第十一条　县级以上人民政府应当将保密工作纳入本级国民经济和社会发展规划，所需经费列入本级预算。

机关、单位开展保密工作所需经费应当列入本机关、本单位年度预算或者年度收支计划。

【释义】　本条是关于保密工作规划和经费预算的规定。

第一款是关于保密工作纳入国民经济和社会发展规划、保密工作经费要求的规定。为保证保密工作顺利开展，本法以法律形式规定县级以上人民政府应当将保密工作纳入本级国民经济和社会发展规划，与本地区各项事业同步规划、同步部署。同时，规定县级以上人民政府要将保密工作所需经费列入本级预算，为本行政区域保密工作提供经费支持保障。

第二款是关于机关、单位保密工作经费要求的规定。各机关、单位要把保密工作所需经费列入本机关、本单位年度预算或者年度收支计划，切实给予保密工作充足有力的经费支撑，确保本机关、本单位能够依法开展保密工作。

第十二条　国家加强保密人才培养和队伍建设，完善相关激励保障机制。

对在保守、保护国家秘密工作中做出突出贡献的组织和个人，按照国家有关规定给予表彰和奖励。

【释义】　本条是关于保密人才队伍建设和表彰奖励的规定。

第一款是关于保密人才培养和队伍建设要求的规定。

保密人才培养是推进保密事业高质量发展的关键措施。保密人才培养，是指通过定向培养、委托培养等多种形式，构建学历教育、继续教育和在职培训相结合的保密人才培养体系。要以培养政治素养和专业能力为重点，提高人才培养质量，畅通人才流动渠道，优化干事创业环境，完善管理体制机制，创新方式方法，严格监督考核，培养一批系统掌握保密科学知识、现代化管理方法和保密技术的复合型保密人才，为筑牢党和国家秘密安全防线提供人才保障和智力支持。

保密队伍是做好保密工作的基本力量，担负着保护国家秘密安全、维护国家安全和利益的重大政治责任。要加强保密干部队伍思想政治建设，推动保密干部队伍坚定理想信念，站稳政治立场，严守政治纪律和政治规矩。制定完善符合保密工作实际的招考、录用和引进政策，优化保密干部队伍结构。加大保密干部培养选拔任用力度，完善保密干部交流机制，努力造就一支忠于党、忠于人民、勇挑重担、善作善成的保密队伍。

完善保密人才队伍激励保障机制，是充分调动保密人才队伍创造性、积极性的重要举措。保密人才队伍激励保障机制主要包括保密系统工程系列职称评审、国家保密科技奖励，以及各地区各单位为加大保密领域创新，促进科技成果转化而制定的有关激励保障机制。建立科学的保密人才队伍激励保障机制，对树立正确用人导向、激励引导保密人才队伍发展、加强保密人才队伍建设具有积极意义。要积极营造有利于干事创业的良好环境，坚持德才兼备、以德为先，将工作绩效、创新成果、解决实际问题能力等作为评价核心内容，加强先进典型宣传，优化人才表彰奖励制度，不断完善相关激励保障机制。

第二款是关于保密表彰奖励要求的规定。本条“保守”，是指国家秘密知悉范围内的单位或者个人主动、积极地采取保密措施。“保护”，是指有关单位或者个人在国家秘密安全面临威胁时，及时采取保护措施。

为表彰在维护国家安全和利益、保守国家秘密方面做出突出贡献的先进集体和个人，人力资源社会保障部、国家保密局每4年联合评选表彰一批全国保密工作先进集体、先进工作者和劳动模范。同时，国家也出台相关制度，对举报违反保密法律法规案件线索有功的单位和个人给予奖励。

第二章　国家秘密的范围和密级

本章共13条，主要规定国家秘密基本范围，国家秘密密级，保密事项范围，定密责任人，定密权限，派生定密，定密职责、定密内容和密点标注，国家秘密保密期限和知悉范围，国家秘密标志，国家秘密变更，国家秘密审核和解密，不明确和有争议事项的确定等。

第十三条　下列涉及国家安全和利益的事项，泄露后可能损害国家在政治、经济、国防、外交等领域的安全和利益的，应当确定为国家秘密：

（一）国家事务重大决策中的秘密事项；

（二）国防建设和武装力量活动中的秘密事项；

（三）外交和外事活动中的秘密事项以及对外承担保密义务的秘密事项；

（四）国民经济和社会发展中的秘密事项；

（五）科学技术中的秘密事项；

（六）维护国家安全活动和追查刑事犯罪中的秘密事项；

（七）经国家保密行政管理部门确定的其他秘密事项。

政党的秘密事项中符合前款规定的，属于国家秘密。

【释义】　本条是关于国家秘密基本范围的规定。

第一款以列举方式规定国家秘密主要产生于政治、国防军事、外交外事、经济、科技和政法等领域。这些领域中的事项，只有具备国家秘密本质属性，即泄露后可能损害国家安全和利益的，才能确定为国家秘密。考虑到国家安全的内涵和外延比历史上任何时候都要丰富，在一些新的领域可能会产生国家秘密事项，本条规定了第七项。

以列举方式规定国家秘密基本范围，是许多国家立法的通例。如，美国《国家安全信息保密》规定，国家秘密包括：军事计划、武器系统或军事行动；外国政府信息；情报活动（包括特殊行动），情报源或方法，或者密码；外交关系或美国的外交活动，包括秘密渠道；与国家安全（包括打击跨国恐怖活动）有关的科学、技术或经济事项；保护核材料与核设施的美国政府项目；与国家安全（包括打击跨国恐怖活动）有关的系统、装置、基础设施、项目、方案或者保护工作的缺陷或效能；大规模杀伤性武器。俄罗斯《联邦国家秘密法》规定，国家秘密范围包括：军事领域信息；经济、科技领域信息；外交和对外经济领域的信息；情报、反间谍和侦缉领域的信息等。

第二款明确政党秘密与国家秘密的关系。我国实行中国共产党领导的多党合作和政治协商制度。各政党秘密中涉及国家安全和利益的，应当依法确定为国家秘密。

第十四条　国家秘密的密级分为绝密、机密、秘密三级。

绝密级国家秘密是最重要的国家秘密，泄露会使国家安全和利益遭受特别严重的损害；机密级国家秘密是重要的国家秘密，泄露会使国家安全和利益遭受严重的损害；秘密级国家秘密是一般的国家秘密，泄露会使国家安全和利益遭受损害。

【释义】 本条是关于国家秘密密级的规定。

国家秘密的密级，是按照国家秘密事项与国家安全和利益的关联程度，以泄露后可能造成的损害程度为标准，对国家秘密作出的等级划分。我国国家秘密的密级划分经历几个阶段。1951年政务院颁布的《保守国家机密暂行条例》将国家秘密统称为“国家机密”，没有规定密级。1956年国务院在《关于划分保密事项范围和改善资料供应工作的通知》中，将密级分为绝密和秘密两级。其后，中央军事委员会在有关规定中，将密级分为绝密、机密和秘密三级。1988年保密法总结我国保密工作的实践经验，将国家秘密的密级分为三级，此后一直延续了这一做法。

第一款明确规定国家秘密的密级分为绝密、机密、秘密三级。实行分级管理，有利于突出重点，按照密级高低采取相应的管理措施，也有利于对外交往与合作中实现对等保护。

第二款从泄露后的损害后果考量，规定了区分绝密级、机密级和秘密级的原则和标准，为确定国家秘密事项的密级提供了依据。“特别严重的损害”，一般是指泄露后会破坏国家主权和领土完整，威胁国家政权巩固，或者使国家政治、经济利益等遭受巨大损失，其影响一般是全局性、战略性的。“严重的损害”，一般是指泄露后会使某一领域内的国家安全和利益遭受重大损失，其影响一般是较大范围的。“损害”，一般是指泄露后会使某一方面的国家安全和利益遭受损失，其影响一般是局部性的。

许多国家关于国家秘密的密级也有相关规定。如美国《国家安全信息保密》将国家秘密的密级分为绝密、机密和秘密三级；英国《政府安全保密级别》将国家秘密分为绝密、机密和官方三级；俄罗斯《联邦国家秘密法》将国家秘密分为特别重要、绝密和秘密三级。此外，欧盟《保护欧盟保密信息的安全规则的决定》将国家安全保密信息分为绝密、机密、秘密和限制四级等。

第十五条　国家秘密及其密级的具体范围（以下简称保密事项范围），由国家保密行政管理部门单独或者会同有关中央国家机关规定。

军事方面的保密事项范围，由中央军事委员会规定。

保密事项范围的确定应当遵循必要、合理原则，科学论证评估，并根据情况变化及时调整。保密事项范围的规定应当在有关范围内公布。

【释义】　本条是关于保密事项范围的规定。

保密事项范围是确定、变更和解除国家秘密事项的具体标准和依据。本法第十三条、第十四条原则规定了国家秘密基本范围和密级划分，还需要更为明确、具体、可操作的定密依据，有必要按行业、领域分别规定保密事项范围。

第一款授权国家保密行政管理部门单独或者会同有关中央国家机关，规定、修订、解释保密事项范围。保密事项范围一般由国家保密行政管理部门牵头，分别与有关中央国家机关规定，这是国家保密行政管理部门的一项重要职责。中央国家机关在其职权范围内管理或者指导本系统的保密工作，能够较为全面、准确掌握本行业、本领域业务活动中形成的国家秘密事项。国家保密行政管理部门主管全国保密工作，了解保密工作全局，由其分别会同有关中央国家机关规定保密事项范围，可以保证各行业、领域国家秘密事项及其密级相互协调一致，进一步增强定密工作的统一性、规范性和权威性。授权国家保密行政管理部门可以单独规定保密事项范围，是考虑到实践中存在部分特定领域，保密事项范围制定主体不明确，由国家保密行政管理部门“兜底”，单独规定这些领域的保密事项范围。

第二款授权中央军事委员会规定军事方面的保密事项范围。中央军事委员会领导全国武装力量，由其规定军事方面的保密事项范围，更具有可操作性。

第三款是关于保密事项范围确定、调整和公布的规定。

第一，确定保密事项范围应当遵循必要、合理原则，科学论证评估。“必要”，要求确定保密事项范围应当以保密法、国家安全法确立的国家安全和利益领域为基准，不得超过维护国家安全和利益的必要限度，准确划定本行业、本领域符合国家安全内涵要素的具体事项，做到国家秘密最小化，防止保密事项范围偏宽、密级偏高。“合理”，要求确定保密事项范围时应当进行利益衡量，统筹高质量发展与高水平安全，审慎把握密与非密的界限，确保该保的保住、该放的放开。“科学论证评估”，要求确定某行业或者领域保密事项范围时，应当结合业务工作实际，对本行业、本领域符合保密事项范围的事项开展调查研究，充分听取有关部门人员和专家意见，全面评估具体事项泄露后是否会使国家安全和利益遭受损害，综合考虑与相关行业、领域保密事项范围的协调衔接，在此基础上起草该行业或者领域保密事项范围。

第二，保密事项范围应当根据情况变化及时调整。“情况变化”，主要包括保密事项范围内容不适应实际工作需要、保密事项范围内容与法律法规规定不相符合、因机构改革或者调整影响保密事项范围适用等情形。“及时调整”，是指国家保密行政管理部门单独或者会同有关中央国家机关，根据情况变化，及时修订保密事项范围，取消不再需要保密的事项，变更有关事项的密级、保密期限，增补新出现的国家秘密事项。

第三，在有关范围内公布保密事项范围是规范定密工作，加强定密监督的需要。有的保密事项范围涉及具体秘密事项，直接关系国家安全和利益，本身就是国家秘密，应当限定知悉范围。“有关范围”，是指与相应国家秘密事项有关的机关、单位和保密行政管理部门。

第十六条　机关、单位主要负责人及其指定的人员为定密责任人，负责本机关、本单位的国家秘密确定、变更和解除工作。

机关、单位确定、变更和解除本机关、本单位的国家秘密，应当由承办人提出具体意见，经定密责任人审核批准。

【释义】　本条是关于定密责任人的规定。

在保密工作中，定密是一项源头性工作，具有很强的政策性、专业性。建立完善定密责任人制度，明确专门人员行使定密权，负责本机关、本单位的国家秘密确定、变更和解除工作，有利于明确定密责任，限制定密权限，规范定密行为。

第一款规定定密责任主体。定密责任人包括机关、单位主要负责人及机关、单位主要负责人指定的人员。

机关、单位主要负责人是法定的定密责任人。机关、单位主要负责人对本机关、本单位保密工作负总责，承担确定、变更、解除国家秘密的职责。

定密工作量较大、业务工作具有特殊保密要求的机关、单位，可以由机关、单位主要负责人指定本机关、本单位其他负责人、内设机构负责人或者其他工作人员为定密责任人，并明确相应的定密权限。指定的定密责任人应当熟悉涉及国家秘密的业务工作，符合在涉密岗位工作的基本条件。指定的定密责任人在指定范围内具有定密权，其在职权范围内确定、变更和解除本机关、本单位的国家秘密。指定的定密责任人不得再次指定其他人为定密责任人。机关、单位应当在本机关、本单位内部公布定密责任人名单及其定密权限，并报同级保密行政管理部门备案。机关、单位主要负责人发现其指定的定密责任人未依法履行定密职责的，应当及时纠正；有下列情形之一的，应当作出调整：（1）定密不当，情节严重的；（2）因离岗离职无法继续履行定密职责的；（3）保密行政管理部门建议调整的；（4）因其他原因不宜从事定密工作的。

授权专门人员行使定密权，是许多国家的通行做法。如，美国《国家安全信息保密》规定，原始定密权只能由下列人员行使：总统、副总统，总统任命并在《联邦公报》上公布的有关机构负责人和官员，以及上述具有原始定密权人以书面形式授权的其他官员。俄罗斯《联邦国家秘密法》规定，有权确定国家秘密的官员要经过俄罗斯联邦总统批准，他们大多是国家权力机关的负责人，对决定将某一具体信息定为国家秘密承担个人责任。法国《部际保密条例》规定，有权定密的官员由各部部长在其职权范围内根据规定的条件进行确定。

定密责任人的职责既包括按照保密事项范围确定国家秘密，也包括根据情况变化变更和解除国家秘密。具体是：一是对承办人拟定的国家秘密的密级、保密期限和知悉范围进行审核批准。二是对本机关、本单位确定的尚在保密期限内的国家秘密进行审核，作出是否变更或者解除的决定。三是对是否属于国家秘密和属于何种密级不明确的事项先行拟定密级、保密期限和知悉范围，并按照规定的程序报保密行政管理部门确定。四是对本机关、本单位没有定密权限的事项，按照规定的程序，报上级机关、单位确定；没有上级机关、单位的，报有定密权限的业务主管部门或者保密行政管理部门确定。

第二款规定定密工作程序。明确先由承办人对照保密事项范围提出国家秘密确定、变更和解除的具体意见，再由定密责任人审核批准并承担法律责任。定密责任人和承办人应当接受定密培训，熟悉定密职责和有关保密事项范围，掌握定密程序和方法。机关、单位确定国家秘密应当依据保密事项范围进行。保密事项范围没有明确规定，但属于保密法第十三条、第十四条规定情形的，应当确定为国家秘密。

第十七条　确定国家秘密的密级，应当遵守定密权限。

中央国家机关、省级机关及其授权的机关、单位可以确定绝密级、机密级和秘密级国家秘密；设区的市级机关及其授权的机关、单位可以确定机密级和秘密级国家秘密；特殊情况下无法按照上述规定授权定密的，国家保密行政管理部门或者省、自治

区、直辖市保密行政管理部门可以授予机关、单位定密权限。具体的定密权限、授权范围由国家保密行政管理部门规定。

下级机关、单位认为本机关、本单位产生的有关定密事项属于上级机关、单位的定密权限，应当先行采取保密措施，并立即报请上级机关、单位确定；没有上级机关、单位的，应当立即提请有相应定密权限的业务主管部门或者保密行政管理部门确定。

公安机关、国家安全机关在其工作范围内按照规定的权限确定国家秘密的密级。

【释义】　本条是关于定密权限的规定。

第一款明确定密应当遵守定密权限。定密权限应当由法律限定。机关、单位是否具有定密权和具有何种层级的定密权，必须依照法律规定。

第二款对定密权作出限定。中央国家机关、省级机关可以确定绝密级、机密级和秘密级国家秘密；设区的市级机关可以确定机密级和秘密级国家秘密。同时，中央国家机关可以在主管业务工作范围内作出授予绝密级、机密级和秘密级国家秘密定密权的决定。省级机关可以在主管业务工作范围内或者本行政区域内作出授予绝密级、机密级和秘密级国家秘密定密权的决定。设区的市级机关可以在主管业务工作范围内或者本行政区域内作出授予机密级和秘密级国家秘密定密权的决定。定密授权不得超出授权机关的定密权限。被授权机关、单位不得再行授权。这里的“中央国家机关”包括中国共产党中央机关和部门、各民主党派中央机关、全国人大机关、全国政协机关、国家监察委员会机关、最高人民法院、最高人民检察院，国务院及其组成部门、直属特设机构、直属机构、办事机构、直属事业单位、部委管理的国家局，以及中央机构编制管理部门直接管理机构编制的群众团体机关；“省级机关”包括省（自治区、直辖市）党委、人大、政府、政协机关、纪检监察机关，以及人民法院、人民检察院；“设区的市级机关”包括地（市、州、盟、区）党委、人大、政府、政协机关、纪检监察机关，以及人民法院、人民检察院，省（自治区、直辖市）直属机关和人民团体，中央国家机关设在省（自治区、直辖市）的直属机构，省（自治区、直辖市）在地区、盟设立的派出机构。

实践中，一些单位从事涉及国家秘密的业务，产生大量国家秘密事项，但是其本身没有定密权，也无法通过上述渠道获得定密授权。为了避免因没有定密权不能依法定密，授权省级以上保密行政管理部门对这些单位授予定密权。

第三款规定无权定密的处理办法。机关、单位产生保密事项范围有明确规定的国家秘密事项，但该机关、单位没有定密权，或者有定密权但定密权限低于该国家秘密事项的密级的，机关、单位应当先行采取保密措施，同时立即报请具有相应定密权限的上级机关、单位确定。没有上级机关、单位的，则根据该事项所涉及的业务范围，报请具有相应定密权限的业务主管部门或者保密行政管理部门确定。接到定密报告的机关、单位或者保密行政管理部门，应当及时作出批复。

第四款规定公安机关、国家安全机关的定密权限。各级公安机关、国家安全机关可以在其工作范围内，按照规定的定密权限定密。

第十八条　机关、单位执行上级确定的国家秘密事项或者办理其他机关、单位确定的国家秘密事项，需要派生定密的，应当根据所执行、办理的国家秘密事项的密级确定。

【释义】　本条是关于派生定密的规定。

派生定密，是指机关、单位对执行或者办理已定密事项所产生的国家秘密，依法确定、变更和解除的活动。机关、单位开展派生定密，不受本法第十七条规定的定密权限限制。无法定定密权的机关、单位可以因执行或者办理已定密事项，派生确定国家秘密；有法定定密权的机关、单位可以因执行或者办理本机关、本单位保密事项范围外已定密事项，派生确定国家秘密；具有较低定密权限的机关、单位也可以因执行或者办理较高密级的已定密事项，派生确定超出本机关、本单位定密权限的国家秘密。符合下列情形之一的，应当派生定密：（1）与已定密事项完全一致的；（2）涉及已定密事项密点的；（3）对已定密事项进行概括总结、编辑整合、具体细化的；（4）原定密机关、单位对使用已定密事项有明确定密要求的。不涉及已定密事项内容或者密点的，不应当派生定密。

派生国家秘密的密级应当与已定密事项密级保持一致，不得自行调整密级。派生国家秘密的保密期限应当按照已定密事项的保密期限确定。派生国家秘密的知悉范围，应当根据工作需要确定，经本机关、本单位主要负责人或者其指定的人员批准；能够限定到具体人员的，限定到具体人员；原定密机关、单位有明确规定的，应当遵守其规定。

第十九条　机关、单位对所产生的国家秘密事项，应当按照保密事项范围的规定确定密级，同时确定保密期限和知悉范围；有条件的可以标注密点。

【释义】　本条是关于定密职责、定密内容和密点标注的规定。

本条规定主要包括4层含义：

第一，定密是机关、单位的法定职责。机关、单位对产生的属于保密事项范围规定的事项，应当及时依法确定为国家秘密，这是确保国家秘密得到有效保护的前提，是机关、单位履行保守国家秘密义务的重要内容。

第二，定密应当依据保密事项范围进行。保密事项范围详细列出了每一项国家秘密事项的名称、密级、保密期限和知悉范围，是机关、单位定密工作的直接依据。机关、单位确定国家秘密，应当严格依据有关保密事项范围进行。对于保密事项范围没有明确规定的事项，机关、单位认为确实关系国家安全和利益，泄露后会对国家安全和利益造成损害的，应当依据本法第二十五条的规定处理。无相应定密权限的机关、单位对所产生的符合保密事项范围规定的事项，应当依据本法第十七条第三款的规定处理。

第三，定密的内容包括确定密级、保密期限和知悉范围。机关、单位在确定国家秘密事项密级的同时，应当确定其保密期限和知悉范围。确定保密期限，有利于防止国家秘密“终身保密”的情况，降低保密成本，实现精确高效管理；确定知悉范围，有利于国家秘密的严格管控，以采取有效措施保护国家秘密安全。

第四，有条件的机关、单位可以开展密点标注工作。密点，是指决定一个事项具备国家秘密本质属性的关键内容，可以与非国家秘密以及其他密点明确区分。它是国家秘密事项中的最小独立信息单元，可以表现为词、句、段落、数据、图表等。推动密点标注工作，对提升定密精准化、科学化具有重要意义。一般来说，当某个国家秘密事项的密点具备特征清晰、独立性强、易于判断等条件，或者该事项需在下级单位广泛执行时，机关、单位可以开展密点标注工作。标注密点可以在相应文字、段落附近标注，也可以以附件、附注或其他形式作出说明。

第二十条　国家秘密的保密期限，应当根据事项的性质和特点，按照维护国家安全和利益的需要，限定在必要的期限内；不能确定期限的，应当确定解密的条件。

国家秘密的保密期限，除另有规定外，绝密级不超过三十年，机密级不超过二十年，秘密级不超过十年。

机关、单位应当根据工作需要，确定具体的保密期限、解密时间或者解密条件。

机关、单位对在决定和处理有关事项工作过程中确定需要保密的事项，根据工作需要决定公开的，正式公布时即视为解密。

【释义】　本条是关于国家秘密保密期限的规定。

第一款规定确定保密期限，应当根据国家秘密事项的类型性质、重要程度、时效需要及其他制约因素，按照维护国家安全和利益的需要，将保密期限规定在明确的时间内。在确定保密期限时，能够确定具体期限的应当予以明确。保密的具体期限，可以是应当保密的时间段，也可以是明确的解密时间；不能明确具体期限的，应当将能够明确判断的某种情形的出现或者事件的发生设置为解密条件，一旦设定的条件成立，该国家秘密事项的保密期限即告终止。

第二款对不同密级国家秘密事项的保密期限分别限定了最长时限，即绝密级不超过30年，机密级不超过20年，秘密级不超过10年。机关、单位在确定保密期限时，应当遵循必要性原则，既确保国家秘密安全，又便利信息资源合理利用，在上述时限内确定一个合理的保密期限。本款“另有规定”，主要是指在保密事项范围中明确规定某类国家秘密事项保密期限为“长期”的情况。这些国家秘密事项具有较强的稳定性，长期关系国家安全和利益，即使确定为本款限定的最长保密期限，也难以满足保密需求。

许多国家关于国家秘密保密期限也有类似规定。俄罗斯《联邦国家秘密法》规定，国家秘密的保密期限不超过30年。法国《部际保密条例》规定，国家秘密信息和资料一般应在50年后向公众开放。日本《特定秘密保护法》规定，保密的有效期限原则上不得超过30年，但行政机构负责人在得到内阁批准的情况下，可以延长保密期限。

第三款明确保密期限的3种具体表现方式，分别是保密时限、解密时间、解密条件。保密时限一般应当以日、月或者年计，如规定具体保密时限为5年，则从制发之日起满5年的，该秘密事项保密期限即届满；解密时间为具体日期或时刻，如规定某一秘密事项的解密时间为2030年5月1日，则到2030年5月1日该秘密事项保密期限到期；解密条件应当明确、具体、合法，为具体明确便于判断的事件或情形，如规定某一秘密事项以执行完毕作为解密条件的，则该事项实施完成后即解密。机关、单位在确定具体事项的保密期限时，如果所依据的保密事项范围已经对该类事项的保密期限作出明确规定，应当按照规定确定保密期限。国家秘密的保密期限，自标明的制发日起计算；不能标明制发日的，确定该国家秘密的机关、单位应当书面通知知悉范围内的机关、单位和人员，保密期限自通知之日起计算。

第四款规定特殊解密条件，即国家秘密事项经正式公布即视为解密。一般情况下，国家秘密需经法定程序，解密后才能确定是否公开。本款把正式公布视同解密，兼顾了程序与效率。“正式公布”，是指履行批准手续后通过指定的媒体、政府门户网站、告示等正规途径对外公开发布。机关、单位通过正式公布这一特殊方式解密时，应当履行法定的信息发布审批程序，并作出记载。未经批准擅自公布国家秘密信息的，不能视为正式公布。

第二十一条　国家秘密的知悉范围，应当根据工作需要限定在最小范围。

国家秘密的知悉范围能够限定到具体人员的，限定到具体人员；不能限定到具体人员的，限定到机关、单位，由该机关、单位限定到具体人员。

国家秘密的知悉范围以外的人员，因工作需要知悉国家秘密的，应当经过机关、单位主要负责人或者其指定的人员批准。原定密机关、单位对扩大国家秘密的知悉范围有明确规定的，应当遵守其规定。

【释义】 本条是关于国家秘密知悉范围的规定。

准确、适当地确定国家秘密的知悉范围，是确保国家秘密处于可控范围之内并采取相应保密防护措施的重要保障。

第一款规定确定知悉范围的两个基本原则。一是工作需要原则。确定国家秘密知悉范围，首先应当根据工作需要确定，不应简单把行政级别作为确定国家秘密知悉范围的依据。二是最小化原则。在可能的情况下，应当把知悉范围尽量限定到最小。

第二款规定国家秘密知悉范围应当最终限定到具体人员。只有限定到具体人员，才能使国家秘密切实可控、可管，才能有针对性地采取保密管理措施。根据本款规定，国家秘密的知悉范围应当限定到具体人员，国家秘密产生机关、单位无法将知悉范围限定到具体人员的，知悉范围内的机关、单位应当限定到具体人员。

第三款规定国家秘密知悉范围之外的人员，因工作需要确需知悉国家秘密内容的，应当经过机关、单位主要负责人或者其指定的人员批准。机关、单位主要负责人或者其指定的人员的批准权限，仅限于对本机关、本单位人员，而且要以工作需要为前提。原定密机关、单位对扩大知悉范围有明确规定的，应当遵守其规定。

第二十二条 **机关、单位对承载国家秘密的纸介质、光介质、电磁介质等载体（以下简称国家秘密载体）以及属于国家秘密的设备、产品，应当作出国家秘密标志。**

涉及国家秘密的电子文件应当按照国家有关规定作出国家秘密标志。

不属于国家秘密的，不得作出国家秘密标志。

【释义】 本条是关于国家秘密标志的规定。

国家秘密标志是一种法定的文字与符号标识，用以表明所标识的物品（载体以及设备、产品等）承载内容属于国家秘密，并提示其密级和保密期限。建立国家秘密标志制度，有利于规范对国家秘密的管理。作出国家秘密标志，目的在于提示并要求知悉范围内的机关、单位和人员采取保护措施，承担相应的保密义务，同时也提示知悉范围外偶然获得国家秘密载体的人员，有责任对其履行保密义务，对国家秘密进行妥善保护。一般来说，保密义务的产生，基于义务人明知或应知其所知悉的事项属于国家秘密。如果没有在相关载体或者设备、产品上作出国家秘密标志，也未通知该载体或者设备、产品属于国家秘密，知悉该事项的人员无须承担保密义务，除非他有能力判断该事项属于国家秘密。因此，作出国家秘密标志，对于有效保护国家秘密的安全，具有十分重要的作用。

第一款规定在国家秘密载体和属于国家秘密的设备、产品上应当作出国家秘密标志。国家秘密载体和属于国家秘密的设备、产品，必须标注密级、保密期限，这是法定的强制性要求。国家秘密标志形式为“密级★保密期限”“密级★解密时间”或者“密级★解密条件”。

作出国家秘密标志，可以根据不同的载体形式采用不同的标注方式，但应当易于识别。如，书面形式的载体应在封面或首页作出国家秘密标志；地图、图纸、图表则在其标题之后或者下方适当位置作出国家秘密标志。非书面形式的载体，要以能够明显识别的方式予以标注；凡有包装（套、盒、袋等）的载体，应以恰当方式在载体包装上标注。汇编涉密文件、资料，应对各独立文件、资料作出标志，并在封面或者首页以其中最高密级和最长保密期限作出标志。摘录、引用属于国家秘密内容的，应以其中最高密级和最长保密期限作出标志。对不能或不宜作出国家秘密标志的，包括一些特殊的属于国家秘密的设备、产品，产生或制作机关、单位应作出文字记载，并将其密级和保密期限及时通知知悉范围内的机关、单位或者人员。

国家秘密解密后，原定密机关、单位，使用以及保管该载体、设备及产品的机关、单位或者人员，应当在原国家秘密标志附近作出解密标志。无法作出解密标志的，应当以其他方式对解密情况作出说明。

第二款规定涉及国家秘密的电子文件，应当按照国家有关规定作出国家秘密标志。目前，电子文件国家秘密标志已有相关国家标准。机关、单位建设涉密信息系统时，根据国家保密规定和标准有关要求，应当部署符合要求的电子文件密级标志系统，确保涉密信息系统中产生、存储、处理和传输的电子文件添加国家秘密标志。

第三款确立国家秘密标志的专用性。国家秘密标志专用于标注各类国家秘密载体和属于国家秘密的设备、产品，不属于国家秘密的，不得使用国家秘密标志。

第二十三条　国家秘密的密级、保密期限和知悉范围，应当根据情况变化及时变更。国家秘密的密级、保密期限和知悉范围的变更，由原定密机关、单位决定，也可以由其上级机关决定。

国家秘密的密级、保密期限和知悉范围变更的，应当及时书面通知知悉范围内的机关、单位或者人员。

【释义】 本条是关于国家秘密变更的规定。

第一款规定国家秘密变更的内容、条件和主体。国家秘密的变更内容包括密级的降低或者提高、保密期限的缩短或者延长、知悉范围的调整。三者既可以单独变更，也可以同时变更。本款所称“情况变化”，是指该事项泄露后对国家安全和利益的损害程度发生明显改变，或者定密时所依据的法律法规或者保密事项范围已作调整。及时变更国家秘密的密级、保密期限和知悉范围，对节约保密资源，更好地保守国家秘密，便利各项工作的开展具有重要意义。国家秘密的密级、保密期限和知悉范围的变更，应当按照国家秘密确定程序进行，并作出书面记录。机关、单位认为需要延长所确定国家秘密事项保密期限的，应当在保密期限届满前作出决定；延长保密期限使累计保密期限超过保密事项范围规定的，应当报制定该保密事项范围的机关批准。

国家秘密变更的主体既可以是原定密机关、单位，也可以是其上级机关。非本机关、本单位确定的国家秘密事项，需要变更的，可以向原定密机关、单位或者其上级机关提出建议，不得自行变更。

第二款规定国家秘密变更的通知。国家秘密变更应当按照国家秘密确定程序进行并作出书面记录，国家秘密的密级、保密期限和知悉范围经定密责任人审核批准作出变更决定后，原定密机关、单位应当及时在原国家秘密标志附近重新作出国家秘密标志，及时以书面形式通知知悉范围内的机关、单位或者人员。延长保密期限的书面通知，应当于原定保密期限届满前送达知悉范围内的机关、单位或者人员。接到通知的有关机关、单位或者人员，应当在原国家秘密标志附近作出国家秘密变更后的标志，以保证保密工作的衔接，避免出现纰漏。

第二十四条　机关、单位应当每年审核所确定的国家秘密。

国家秘密的保密期限已满的，自行解密。在保密期限内因保密事项范围调整不再作为国家秘密，或者公开后不会损害国家安全和利益，不需要继续保密的，应当及时解密；需要延长保密期限的，应当在原保密期限届满前重新确定密级、保密期限和知悉范围。提前解密或者延长保密期限的，由原定密机关、单位决定，也可以由其上级机关决定。

【释义】　本条是关于国家秘密审核和解密的规定。

审核和解密制度是定密制度的重要组成部分。审核旨在避免国家秘密“只定不解”，实现国家秘密动态管理。解密后，该事项不再作为国家秘密进行管理。

第一款确立国家秘密年度审核制度。机关、单位应当每年审核所确定的国家秘密事项，做到对所确定的国家秘密保密期限届满前必审核、信息公开前必审核、移交各级国家档案馆前必审核。经审核，仍在保密期限内但不需要继续保密的，应当及时履行程序予以解密；认为仍应继续保密，需要延长保密期限的，应当在原保密期限届满前重新确定保密期限；不需要延长保密期限的，保密期限届满，自行解密。但需要注意的是，解密不等于公开。

第二款“保密期限已满”主要是指以下3种情形：一是定密时确定的保密时限已经届满；二是定密时确定的解密时间已经到达；

三是定密时设定的解密条件已经达成。国家秘密的保密时限尚未届满、解密时间尚未到达或者解密条件尚未达成，经审核认为符合下列情形之一的，应当及时解密：一是保密法律法规或者保密事项范围调整后，有关事项不再属于国家秘密的。二是定密时的形势、条件发生变化，有关事项公开后不会损害国家安全和利益、不需要继续保密的；或者根据现行法律、行政法规，有关事项应予公开、需要社会公众广泛知晓或者参与的。有权决定提前解密或者延长保密期限的机关、单位，包括原定密机关、单位及其上级机关，作出决定后，应当通知原知悉范围内的机关、单位或者人员。

适用本条规定应当注意，保密事项范围中明确规定某类事项的保密期限为“长期”的，原定密机关、单位认为需要解密的，应当提请制定保密事项范围的机关批准，不得擅自决定解密。对于非由本机关、本单位确定的国家秘密事项，认为符合解密条件或者需要延长保密期限的，可以向原定密机关、单位或者其上级机关提出建议，不得自行决定。延长保密期限的决定应当在保密期限届满之前作出，并提前发出通知，避免知悉范围内的机关、单位或者人员在保密期限届满时未接到通知而自行解密。

解密制度是许多国家保密制度的重要内容。如美国《国家安全信息保密》规定了系统审查解密、强制审查解密、自动解密3种解密方式。为解决解密工作不适当、不统一、不及时问题，美国还专门建立了国家解密中心，负责指导、协调、监督各部门解密工作。俄罗斯《联邦国家秘密法》对解密也有专门规定：一是规定了保密期限。国家秘密信息的保密期限不得超过30年。在特殊情况下，可由部际保密委员会作出延长保密期限的决定。二是规定了解密的条件。根据国际条约应当公开的信息或者客观情况发生改变，没有必要继续保护的信息应当解密。三是规定了解密审查。有权将信息定为国家秘密的国家机关负责人必须定期（至少每5年一次）重新审核各机关、企业、机构、组织现行保密信息清单的内容，特别是有关信息定密的依据及密级相符性。四是规定了解密监督制度。被授予定密权限的国家机关负责人可根据其任命的专家委员会的结论，作出延长国家秘密信息载体初始保密期限的决定。国家机关、企业、机构、组织负责人有权将下属人员定密不当的信息解密。

第二十五条　机关、单位对是否属于国家秘密或者属于何种密级不明确或者有争议的，由国家保密行政管理部门或者省、自治区、直辖市保密行政管理部门按照国家保密规定确定。

【释义】　本条是关于不明确事项和有争议事项确定的规定。

“不明确”，是指机关、单位认为所产生的事项符合本法第十三条、第十四条规定，泄露后会损害国家安全和利益，但在相关保密事项范围中没有明确规定的情形。对不明确事项定密，应当由产生的机关、单位先行拟定密级并采取保密措施，逐级报至有权确定该事项密级的保密行政管理部门确定，保密行政管理部门应当及时作出决定。为了严格控制不明确事项的确定权，规定由国家保密行政管理部门或者省、自治区、直辖市保密行政管理部门按照国家保密规定行使。

“有争议”，是指国家秘密知悉范围内的机关、单位对某一事项是否属于国家秘密或者属于何种密级持有不同意见，向原定密机关、单位提出异议未被接受的情形。提出争议的主体是合法知悉国家秘密事项的机关、单位。争议各方均可依法向有相应密级确定权限的保密行政管理部门提出。需要明确的是，国家秘密知悉范围内的人员不属于本款规定的定密争议主体，这些人员对所知悉的已确定密级的事项认为定密不当的，可以通过其所在机关、单位向原定密机关、单位提出。

第三章　保密制度

本章共22条，主要规定国家秘密载体、密品、涉密信息系统、安全保密产品和保密技术装备、网络运营者、信息公开、数据汇聚、对外交往与合作、涉密会议活动、保密要害部门部位、军事禁区等场所部位和涉密军事设施周边区域、从事涉及国家秘密的业务的企业事业单位、涉及国家秘密的采购、涉密人员等方面的保密管理制度，并针对危害国家秘密安全的行为作出禁止性规定。

第二十六条　国家秘密载体的制作、收发、传递、使用、复制、保存、维修和销毁，应当符合国家保密规定。

绝密级国家秘密载体应当在符合国家保密标准的设施、设备中保存，并指定专人管理；未经原定密机关、单位或者其上级机关批准，不得复制和摘抄；收发、传递和外出携带，应当指定人员负责，并采取必要的安全措施。

【释义】　本条是关于国家秘密载体保密管理的规定。

"国家秘密载体"，是指以文字、数据、符号、图形、图像、视频和音频等方式记载国家秘密信息的纸介质、光介质、磁介质、半导体介质等各类物品。涉密纸介质载体，是指纸质涉密文件、资料、书刊、图纸等。涉密光介质载体，是指利用激光原理写入和读取涉及国家秘密信息的存储介质，包括CD光盘、DVD光盘、蓝光光盘等载体。涉密磁介质载体，是指利用磁原理写入和读取涉及国家秘密信息的存储介质，包括硬磁盘、软磁盘、磁带等载体。涉密半导体介质载体，是指利用半导体技术处理、传输或存储国家秘密信息的介质，包括固态硬盘、优盘、优盾、存储卡、存储芯片等载体。

第一款对国家秘密载体的保密管理要求作出原则性规定，明确国家秘密载体从制作、收发、传递、使用、复制、保存、维修到销毁的全生命周期必须纳入保密管理。为了加强国家秘密载体全生命周期管理，先后印发了《关于国家秘密载体保密管理的规定》《关于加强国家秘密载体印制保密管理的通知》《邮政机要通信保密管理规定》《国家秘密载体出境保密管理规定》等一系列文件，对国家秘密载体全生命周期保密管理提出要求。

国家秘密载体要按照国家保密规定和标准进行全生命周期管理，主要包括制作、收发、传递、使用、复制、保存、维修和销毁8个方面。

制作方面，要标明密级和保密期限，注明发放范围、制作数量及编号。国家秘密载体应当在本机关、本单位内部或保密行政管理部门审查批准的保密资质单位制作。禁止将国家秘密载体委托不具有保密资质的单位或个人制作。

收发和传递方面，收发国家秘密载体应当履行清点、登记、编号、签收等手续。分发国家秘密载体时，要严格按照限定接触范围分发，不能擅自扩大范围。传递国家秘密载体要通过机要交通或者机要通信部门；机关、单位指派专人传递的，要选择安全的交通工具和交通线路，并采取安全保密措施。

使用方面，要根据国家秘密载体的密级和制发机关、单位的要求，确定知悉人员范围。阅读和使用国家秘密载体应当办理登记、签收手续，在符合保密要求的办公场所进行，不得将国家秘密载体带回家中或者带到公共场所，确需在办公场所以外阅读和使用的，应当遵守有关保密规定。摘录、引用国家秘密内容形成的国家秘密载体，应当按原件的密级、保密期限和知悉范围管理。传达国家秘密时，凡不准记录、录音、录像的，传达者应当事先申明。

复制方面，国家秘密载体复制应当履行审批、登记程序，不得改变密级、保密期限和知悉范围；复制件应当加盖复制机关、单位的复印戳记，并视同原件管理；汇编涉密文件、资料，要经制发机关、单位批准，不得改变密级、保密期限和知悉范围。

保存方面，要选择安全保密的场所和部位，配备必要的保密设备；定期对保存的国家秘密载体进行清查、核对，发现问题要及时向保密行政管理部门报告；机关、单位工作人员离岗离职前，要将使用和保管的国家秘密载体全部清退，并办理移交手续；被撤销或合并的机关、单位应当将国家秘密载体移交承担原职能的机关、单位或上级机关、单位，并履行登记、签收手续。

维修方面，要由本机关、本单位专门技术人员负责；需外单位人员维修的，要由本机关、本单位的管理人员现场监督；确需在本机关、本单位以外维修的，应当符合国家保密规定。

销毁方面，要履行清点、登记、审批程序，送交销毁工作机构或者保密行政管理部门指定的承销单位销毁；机关、单位自行销毁的，应严格执行国家有关规定和标准。

第二款明确绝密级国家秘密载体的管理要求。绝密级国家秘密载体一旦泄露，将会对国家安全和利益造成特别严重的损害。按照“突出重点”的原则，绝密级国家秘密载体的保密管理，除执行本条第一款规定外，在保存、复制、摘抄、收发、传递和外出携带等关键环节，应采取更为严格的管理措施。本款规定了3项绝密级国家秘密载体保密管理措施：

一是绝密级国家秘密载体应当在符合国家保密标准、安全可靠的设施、设备中保存，并指定专人管理。

二是未经原定密机关、单位或者其上级机关批准，不得复制和摘抄。非工作需要，不得复制和摘抄绝密级国家秘密载体；工作确有需要的，应当事先经原定密机关、单位或者其上级机关批准。

三是收发、传递和外出携带，应当指定人员负责，并采取必要的安全措施。绝密级国家秘密载体的收发工作应由指定人员担任。传递绝密级国家秘密载体，应严格按照规定通过机要通信、机要交通递送；通过指定人员直接传递的，实行二人护送制。因工作确需携带绝密级国家秘密载体外出，应当经本机关、本单位主管领导批准，并有二人以上同行。

第二十七条　属于国家秘密的设备、产品的研制、生产、运输、使用、保存、维修和销毁，应当符合国家保密规定。

【释义】　本条是关于密品保密管理的规定。

“属于国家秘密的设备、产品”，是指直接含有国家秘密信息，或者通过观察、测试、分析等手段能够获取所承载的国家秘密信息的设备和产品，简称密品。如有关密码设备、需要保密的新型尖端武器装备，具有国际领先技术水平且需要保密的科学技术设备、产品，通过特殊途径引进的且根据约定需要对外承担保密义务的产品等。

《国家秘密设备、产品的保密规定》对密品保密管理作出具体规定，主要包括：

定密方面，有关部门、单位应当依照国家有关规定，及时确定密品的密级和保密期限，同时明确保密要点。密品的研制、生产、保存、使用单位应当对本单位所有密品的密级、保密期限、保密要点等内容进行登记，并根据工作需要向参与密品研制、生产、试验、保存、维修、使用的人员告知上述有关登记内容。各有关单位应当严格控制密品的接触范围，确需接触的，应当按有关规定履行报批手续。严禁无关人员参观密品。

研制、生产方面，外形或者构造易暴露国家秘密的密品，在研制、生产等过程中，应当对其采取遮盖措施或者其他保护性措施。不得露天生产、保存、放置外形或者构造易暴露国家秘密的密品。绝密级密品的研制、生产应当在封闭场所进行，设立专门的放置、保存场所，并由有关管理人员负责保密工作。

运输方面，密品在各环节的交接均应当履行严格的登记签收手续，记录签收情况的登记簿应当保存备查。密品的运输应当符合下列要求：密品应当密封于包装箱内，体积大、无法置于包装箱内的，应当采取其他的安全保密措施；发货、收货和承运单位，对密品的名称、运输方式、运输时间和路线、中途停靠、安全警卫措施等情况负有保密的义务；应当由二人或者二人以上的专人押运；需要办理免检手续的，依照国家有关规定执行。

使用、保存方面，密品的使用单位应当采取相应的保密措施。无关人员不得接触、使用密品。对放置有密品的场所、部位应当加强安全保密防范措施，必要时可设置警卫力量。绝密级密品应当专库（柜）保存。

维修、销毁方面，密品的检修和维修工作应当按照有关主管部门规定履行报批手续，并采取相应的保密措施。销毁密品应当先行登记，并依照有关业务部门的规定履行报批手续。在销毁密品过程中应当选择有保密保障的部门、单位、场所进行；指定专人监销；确保密品被销毁后不再包含国家秘密信息。

此外，能反映密品国家秘密信息的文件、资料、图纸、图表，应当按照国家有关保密规定管理。密品的零件、部件、组件等物品，凡涉及国家秘密的，均应当按照《国家秘密设备、产品的保密规定》进行管理。

第二十八条　机关、单位应当加强对国家秘密载体的管理，任何组织和个人不得有下列行为：

（一）非法获取、持有国家秘密载体；

（二）买卖、转送或者私自销毁国家秘密载体；

（三）通过普通邮政、快递等无保密措施的渠道传递国家秘密载体；

（四）寄递、托运国家秘密载体出境；

（五）未经有关主管部门批准，携带、传递国家秘密载体出境；

（六）其他违反国家秘密载体保密规定的行为。

【释义】 本条是关于国家秘密载体保密管理的禁止性行为的规定。

第一项，列举获取、持有国家秘密载体的违法行为。“非法获取国家秘密载体”，是指以窃取、骗取、抢夺、购买等非法途径和手段获取国家秘密载体的行为。“非法持有国家秘密载体”，是指无权接触、使用或者保存国家秘密载体的个人或者组织，未经批准或者许可而非法占有、使用或者私藏国家秘密载体的行为。主要包括3种情形：一是不属于国家秘密知悉范围内的人员，通过窃取、骗取、抢夺、购买等非法途径和手段，获取并留存国家秘密载体。二是知悉范围内的人员，未经批准留存国家秘密载体，经提醒、催促拒不上交。三是知悉范围内的人员离岗离职后，未按有关规定及时清退国家秘密载体。我国刑法设立了非法获取国家秘密罪和非法持有国家绝密、机密文件、资料、物品罪，并规定了相应的刑事处罚。

第二项，强调国家秘密载体属于国家所有，应当按照国家有关规定配发或者装备，任何组织和个人不得私自买卖、转送；机关、单位应当按照国家有关保密规定和标准销毁国家秘密载体，任何组织和个人不得私自销毁。

第三项，列举国家秘密载体国内传递的违法行为。普通邮政、快递、物流等不具备安全保密保障条件，通过这些方式传递国家秘密载体，可能造成国家秘密载体管理失控，极易泄密，应当严格禁止。在国内传递国家秘密载体必须通过机要交通、机要通信或者指派专人传递，在市内传递机密级、秘密级国家秘密载体，也可通过机要交换站进行。

第四、五项，列举国家秘密载体出境传递的违法行为。国家秘密载体出境传递必须按照国家有关规定严格管控，坚持工作需要、规范审批、严格管理的原则，既确保国家秘密安全，又便利对外交流合作各项工作开展。根据《关于国家秘密载体保密管理的规定》《国家秘密载体出境保密管理规定》等，中央国家机关、中央管理企业携带、传递国家秘密载体出境，由本机关、本单位审查批准；地方各级机关、单位携带、传递国家秘密载体出境，由所在地省（自治区、直辖市）有关业务主管部门审查批准；业务主管部门不明确的，由所在地省（自治区、直辖市）保密行政管理部门审查批准。作出批准决定的主管部门应当将批准文书和国家秘密载体通过机要交通、机要通信或者指派专人送外交部门，并按照外交部门有关规定办理外交信使（含临时信使）携运手续。

通过列举形式明确国家秘密载体管理的禁止性行为，无法涵盖所有违法行为。因此，第六项规定了任何组织和个人不得有其他违反国家秘密载体保密规定的行为。

第二十九条　禁止非法复制、记录、存储国家秘密。

禁止未按照国家保密规定和标准采取有效保密措施，在互联网及其他公共信息网络或者有线和无线通信中传递国家秘密。

禁止在私人交往和通信中涉及国家秘密。

【释义】　本条是关于国家秘密信息保密管理的禁止性行为的规定。

第一款“非法复制、记录、存储国家秘密”，主要包括：未经批准，擅自复制、摘抄涉密文件、资料；擅自对涉密谈话、会议和活动等内容进行文字记载或者录音、录像；私自留存、存储国家秘密信息或者国家秘密载体。在工作中，确需复制、记录、存储国家秘密的，应当事先报经有关部门或者主管领导批准，并严格执行保密管理规定。复制涉密文件、资料应按规定履行报批、登记手续，复制件按原件的同等要求进行管理；记录国家秘密内容形成的国家秘密载体，应当按原件的密级、保密期限和知悉范围管理；存储国家秘密应当使用符合国家保密规定或者标准的存储设备。

第二款规定禁止未按照国家保密规定和标准采取有效保密措施，在互联网及其他公共信息网络或者有线和无线通信中传递国家秘密。未按照国家保密规定和标准采取有效保密措施的情况下，互联网及其他公共信息网络或者其他有线和无线通信手段因无法确保信息传递的安全，不能用来传递国家秘密。

第三款对私人交往和通信涉密作出禁止性规定。在私人交往、通信中涉及国家秘密，会导致国家秘密知悉范围的扩大，造成国家秘密失控，必须严格禁止。

第三十条　存储、处理国家秘密的计算机信息系统（以下简称涉密信息系统）按照涉密程度实行分级保护。

涉密信息系统应当按照国家保密规定和标准规划、建设、运行、维护，并配备保密设施、设备。保密设施、设备应当与涉密信息系统同步规划、同步建设、同步运行。

涉密信息系统应当按照规定，经检查合格后，方可投入使用，并定期开展风险评估。

【释义】 本条是关于涉密信息系统保密管理的规定。

第一款确立涉密信息系统分级保护原则。“涉密信息系统”，是指由计算机及其相关和配套设施、设备构成的，按照一定应用目标和规则生产、存储、处理、传输、使用国家秘密的系统或者网络。相对于公共信息系统，涉密信息系统具有3个方面的特点：一是信息内容不同。涉密信息系统存储、处理和传输的信息涉及国家秘密和其他敏感信息，应严格控制知悉范围；公共信息系统存储、处理和传输的信息不能涉及国家秘密。二是设施、设备标准不同。涉密信息系统的安全保密设施、设备必须符合国家保密标准；公共信息系统的防护设施、设备也应符合一定技术标准要求，但并不要求执行国家保密标准。三是检测审查要求不同。涉密信息系统必须满足安全保密需求，符合国家保密标准要求，投入使用前必须经安全保密检测评估和审查批准；公共信息系统投入使用前也需进行相关检测，但检测的目的和要求不同。

“涉密程度”，是指涉密信息系统的密级，是确定系统安全保密防护级别的依据。涉密信息系统按照系统规划设计处理信息的最高密级，分为绝密、机密、秘密3个级别，并按照不同强度的防护要求进行保护。

“分级保护”，是指涉密信息系统的建设使用单位依据分级保护管理办法和国家保密标准，对不同级别的涉密信息系统采取相应的安全保密防护措施，确保既不“过防护”，也不“欠防护”。各级保密行政管理部门根据涉密信息系统的不同级别实施相应的监督管理，确保涉密信息系统及其存储、处理、传输的国家秘密信息的安全。

第二款规定涉密信息系统全生命周期管理过程和设施、设备配备要求。一是涉密信息系统要加强从规划、建设、运行、维护，到系统废止的全生命周期管理，特别是针对涉密信息系统运行维护委托服务方面，建设使用单位要压实主体责任，遵循权责清晰、规范有序、确保安全原则，加强涉密信息系统运行维护委托管理，确保涉密信息系统运行稳定和安全保密。二是涉密信息系统必须配备符合国家保密规定和标准的设施、设备，并与整个系统同步规划、同步建设、同步运行。在方案设计、工程实施、系统运行等阶段，应当保证保密设施、设备建设与系统建设过程同步，以实现安全保密防护措施与系统应用的有机结合，避免“带病运行”。

第三款规定涉密信息系统投入使用和定期风险评估要求。一是明确了涉密信息系统投入使用要求。根据涉密信息系统分级保护相关规定和标准要求，涉密信息系统投入使用前，必须经过测评和审查。系统建设完成后，应通过国家保密行政管理部门设立或者授权的测评机构的安全保密测评，经具有相应审查权限的保密行政管理部门审查合格后方可投入使用。二是涉密信息系统应当定期开展风险评估。根据涉密信息系统分级保护相关规定和标准要求，涉密信息系统投入使用后，建设使用单位应当定期开展安全保密检查和风险自评估，通过国家保密行政管理部门设立或者授权的测评机构的安全保密风险评估，绝密级信息系统每年至少进行一次，机密级和秘密级信息系统每两年至少进行一次。当涉密信息系统发生重大变化时，建设使用单位应当及时向负责审查该涉密信息系统的保密行政管理部门报告，采取相应的保密措施。

第三十一条　机关、单位应当加强对信息系统、信息设备的保密管理，建设保密自监管设施，及时发现并处置安全保密风险隐患。任何组织和个人不得有下列行为：

（一）未按照国家保密规定和标准采取有效保密措施，将涉密信息系统、涉密信息设备接入互联网及其他公共信息网络；

（二）未按照国家保密规定和标准采取有效保密措施，在涉密信息系统、涉密信息设备与互联网及其他公共信息网络之间进行信息交换；

（三）使用非涉密信息系统、非涉密信息设备存储或者处理国家秘密；

（四）擅自卸载、修改涉密信息系统的安全技术程序、管理程序；

（五）将未经安全技术处理的退出使用的涉密信息设备赠送、出售、丢弃或者改作其他用途；

（六）其他违反信息系统、信息设备保密规定的行为。

【释义】　本条是关于信息系统、信息设备保密管理责任和禁止性行为的规定。

全面加强信息系统和信息设备保密管理，是确保信息化条件下国家秘密安全的重要保障。机关、单位应当切实履行信息系统、信息设备保密管理职责，确保国家秘密信息安全。“信息设备”，是指计算机及存储介质、打印机、传真机、复印机、扫描仪、照相机、摄像机等具有信息存储、传输和处理功能的设备。“安全技术程序、管理程序”，是指为确保涉密信息系统的运行安全、信息安全而安装在涉密信息系统中，对系统进行安全保密防护的应用程序。安全技术程序主要包括身份鉴别程序、访问控制程序、主机监控程序、防病毒程序等。安全管理程序主要包括权限管理程序、审计管理程序、安全策略管理程序等。“安全技术处理”，是指为保证国家秘密信息安全，对退出使用的涉密信息设备所采取的符合国家保密标准要求的技术处理措施，包括对涉密信息设备进行销毁或者信息消除等。

“建设保密自监管设施，及时发现并处置安全保密风险隐患”，要求机关、单位落实保密自监管主体责任，具体包括：机关、单位应建设保密自监管设施，及时发现和处置信息系统运行和管理中存在的安全保密风险和窃密泄密事件，并向同级保密行政管理部门或上级主管部门报告事件及处置情况。保密行政管理部门应督促和指导本级机关、单位开展保密自监管工作。

针对信息系统和信息设备使用过程中存在的安全保密问题，本条明确列举违反信息系统和信息设备使用保密管理规定的行为。这一规定对有效防范和遏制信息化条件下的窃密泄密事件发生具有重要作用。

第一项，未按照国家保密规定和标准采取有效保密措施的情况下，将涉密信息系统、涉密信息设备接入互联网及其他公共信息网络，将导致国家秘密信息处于不可控状态，直接危害国家秘密安全。

第二项，未按照国家保密规定和标准采取有效保密措施的情况下，在涉密信息系统、涉密信息设备与互联网及其他公共信息网络之间进行信息交换，容易被植入“木马”等窃密程序，导致国家秘密被窃取。

第三项，使用非涉密信息系统、非涉密信息设备存储或者处理国家秘密，将使国家秘密失去有效控制和保护，一旦非涉密信息系统、非涉密信息设备连接互联网，极易造成泄密。

第四项，擅自卸载、修改涉密信息系统的安全技术程序、管理程序，可能造成涉密信息系统技术防护措施部分或全部失效，导致技术防护和管控能力下降或丧失，大大增加泄密风险。

第五项，将未经安全技术处理的退出使用的涉密信息设备赠送、出售、丢弃或者改作其他用途，其中存储的国家秘密信息即使删除仍可通过技术手段恢复，存在严重泄密隐患。因此，涉密信息设备改作非涉密信息设备使用或者淘汰处理时，应当将国家秘密信息存储部件拆除。

通过列举形式明确信息系统和信息设备保密管理的禁止性行为，无法涵盖所有违法行为。因此，第六项规定了任何组织和个人不得有其他违反信息系统和信息设备保密规定的行为。

第三十二条　用于保护国家秘密的安全保密产品和保密技术装备应当符合国家保密规定和标准。

国家建立安全保密产品和保密技术装备抽检、复检制度，由国家保密行政管理部门设立或者授权的机构进行检测。

【释义】　本条是关于用于保护国家秘密的安全保密产品和保密技术装备保密管理的规定。

本条所称“安全保密产品”，是指党政机关和涉及国家秘密的单位用于保护涉密信息系统、国家秘密信息、国家秘密载体、涉密场所、涉密会议活动安全保密所使用的软硬件产品和设施设备，密码、防病毒、抗拒绝服务、网页防篡改、安防等产品除外。

“保密技术装备”，是指各级保密行政管理部门及其设立或授权的机构依法履行保密检查、案件核查、技术监测、检测评估、技术服务等职能所使用，具有特定安全保密功能且经规定程序确定的软硬件产品和设施设备。

第一款明确安全保密产品和保密技术装备的研制、生产、配备、使用、维修维护、报废等全流程管理应当符合国家保密规定和标准。安全保密产品和保密技术装备具有特定的安全保密功能，其质量与安全性直接关系国家安全和利益，必须严格执行国家保密规定和标准。安全保密产品和保密技术装备已有较为成熟的国家保密标准。

第二款明确建立安全保密产品和保密技术装备检测制度，包括抽检、复检，并规定检测主体。为确保安全保密产品和保密技术装备符合国家保密规定和标准，提高产品和装备的质量和性能，国家建立安全保密产品和保密技术装备抽检、复检制度。国家保密行政管理部门设立或者授权的机构开展具体检测工作。安全保密产品和保密技术装备检测合格后，颁发检测合格证书。

第三十三条　报刊、图书、音像制品、电子出版物的编辑、出版、印制、发行，广播节目、电视节目、电影的制作和播放，网络信息的制作、复制、发布、传播，应当遵守国家保密规定。

【释义】　本条是关于新闻出版、广播影视、网络信息保密管理的规定。

新闻出版、广播影视、网络信息具有形式多样、覆盖面广、传播速度快、传播范围大等特点，一旦泄密，难以补救，必须加强保密管理。

报刊、图书、音像制品、电子出版物的编辑、出版、印制、发行，广播节目、电视节目、电影的制作和播放，应建立严格的自审和送审制度，确保不涉及国家秘密。自审，是指单位或作者对拟公开出版、发布的内容进行审查。送审，是指对有关内容是否涉及国家秘密界限不清或无法判断时，提请有关业务主管部门或其上级机关审定。审查发现涉及国家秘密又确需出版、报道的，应当采取删节、改编、隐去等措施进行技术处理。

进入信息化网络化时代，网络已成为窃密和反窃密斗争的主战场、失泄密的重灾区。个人、组织在依法使用网络的同时，应当履行保守国家秘密的基本义务。任何组织和个人利用网络制作、复制、发布、传播信息，都应当遵守国家保密规定，不得涉及国家秘密。

第三十四条　网络运营者应当加强对其用户发布的信息的管理，配合监察机关、保密行政管理部门、公安机关、国家安全机关对涉嫌泄露国家秘密案件进行调查处理；发现利用互联网及其他公共信息网络发布的信息涉嫌泄露国家秘密的，应当立即停止传输该信息，保存有关记录，向保密行政管理部门或者公安机关、国家安全机关报告；应当根据保密行政管理部门或者公安机关、国家安全机关的要求，删除涉及泄露国家秘密的信息，并对有关设备进行技术处理。

【释义】 本条是关于网络运营者信息管理和配合义务的规定。

“网络运营者”，是指网络的所有者、管理者和网络服务提供者。这里的网络运营者是互联网及其他公共网络的运营者，不涉及涉密网络的运营者。网络运营者承担着保障网络安全稳定运行、防范网络违法犯罪活动、维护网络数据安全的职责，对于及时发现、处置互联网违法公开、发布、传播国家秘密信息发挥着重要作用。

本条具体涉及的法定责任和义务包括：

信息管理责任。网络运营者应当加强对用户利用其网络发布信息的管理，建立信息管理机制，积极配合有关部门发现、处置利用其网络发布的涉及泄露国家秘密的信息。

配合查处义务。网络运营者应当按照监察机关、保密行政管理部门、公安机关、国家安全机关要求，提供涉嫌泄密案件调查处理所需要的信息等，为调查处理活动提供便利。网络运营者拒绝、阻碍上述机关依法实施调查处理的，应当承担相应的法律责任。

情况报告义务。网络运营者发现利用互联网及其他公共信息网络发布的信息涉嫌泄密的，应当立即停止传输该信息，阻止国家秘密信息通过其所提供的网络服务传播给他人；保存有关记录，为依法追究信息发布者的责任提供依据；并报告保密行政管理部门或者公安机关、国家安全机关。

信息删除义务。网络运营者根据保密行政管理部门或者公安机关、国家安全机关的要求，删除在互联网及其他公共信息网络上存储或运行的国家秘密信息，防止泄密危害后果进一步扩大，并对有关设备进行技术处理，防止国家秘密信息被恢复。

第三十五条　机关、单位应当依法对拟公开的信息进行保密审查，遵守国家保密规定。

【释义】　本条是关于信息公开保密审查的规定。

“拟公开的信息”，既包括行政机关拟公开的信息，也包括其他机关、单位拟公开的信息。行政机关公开政府信息，应当按照《中华人民共和国政府信息公开条例》规定，建立健全政府信息公开保密审查机制，明确审查的程序和职责。行政机关以外的机关、单位公开信息，也应当建立相应的保密审查机制。

关于保密审查的原则。机关、单位公开发布信息，应当坚持“谁公开，谁负责”“先审查，后公开”“一事一审”的原则，严格实行信息公开保密审查工作责任制，正确处理保密与公开的关系，做到该保守的秘密坚决守住，该公开的信息安全公开。

关于保密审查的内容。依法确定为国家秘密的信息，法律、行政法规禁止公开的信息，以及公开后可能危及国家安全、公共安全、经济安全、社会稳定的信息，不予公开。涉及商业秘密、个人隐私等公开会对第三方合法权益造成损害的信息，不得公开。但是，第三方同意公开或者行政机关认为不公开会对公共利益造成重大影响的，予以公开。

关于保密审查的程序。机关、单位拟公开的信息，应当由承办部门提出具体意见，经负责信息公开保密审查的机构审查后，报本机关、本单位有关负责同志或者其指定的人员审批。未经审查和批准，不得公开。机关、单位不能确定信息是否可以公开的，应当依照法律、法规和国家有关规定报主管部门或者保密行政管理部门确定。

第三十六条　开展涉及国家秘密的数据处理活动及其安全监管应当符合国家保密规定。

国家保密行政管理部门和省、自治区、直辖市保密行政管理部门会同有关主管部门建立安全保密防控机制，采取安全保密防控措施，防范数据汇聚、关联引发的泄密风险。

机关、单位应当对汇聚、关联后属于国家秘密事项的数据依法加强安全管理。

【释义】　本条是关于数据保密管理的规定。

“数据”，是指任何以电子或者其他方式对信息的记录。随着信息技术和人类生产生活交汇融合，各类数据迅猛增长、海量聚集，对经济发展、社会治理、人民生活产生了重大而深刻的影响。数据是国家基础性战略资源，在国际竞争中发挥的效用日益提升，对数据的掌控能力是衡量国家竞争力的关键因素，数据安全问题与国家主权、安全、发展利益息息相关。党中央高度重视数据安全，党的二十大报告强调，强化数据安全保障体系建设。数据安全已成为事关国家安全与经济社会发展的重大问题。

第一款是关于涉及国家秘密的数据处理活动及其安全监管的规定。《中华人民共和国数据安全法》第五十三条规定，开展涉及国家秘密的数据处理活动，适用保密法等法律、行政法规的规定。涉及国家秘密的数据是国家秘密信息的重要组成部分，其处理活动包括数据的收集、存储、使用、加工、传输、提供、公开等。开展涉及国家秘密的数据处理活动及其安全监管，应当符合国家秘密保密管理的一般性规定，同时遵守涉及国家秘密的数据保密管理的专门性规定。

第二款是关于建立安全保密防控机制的规定。数据汇聚、关联，主要是指数据汇总、聚合后在原有数据的基础上形成数据集合，或者数据通过时间、地域、国别、领域等一定共性相互联系。信息化条件下，数据收集、汇聚、挖掘、分析更加便利，很多不涉及国家秘密的数据，经过汇聚、关联可能关系国家安全和利益，在整理分析后可能属于国家秘密。国家保密行政管理部门和省、自治区、直辖市保密行政管理部门会同有关主管部门，要建立安全保密防控机制，压实数据安全保密防控责任，加强数据安全保密防控指导，采取安全保密防控措施，防范数据汇聚、关联引发的泄密风险。

第三款是关于机关、单位对汇聚、关联后属于国家秘密事项的数据加强安全管理的规定。机关、单位应当在保密行政管理部门和有关主管部门的指导下，对汇聚、关联后属于国家秘密事项的数据依法加强安全管理，控制数据访问权限，防范数据泄露，采取加密存储、授权访问、严格控制共享范围或者其他更加严格的安全保密防控措施。

第三十七条　机关、单位向境外或者向境外在中国境内设立的组织、机构提供国家秘密，任用、聘用的境外人员因工作需要知悉国家秘密的，按照国家有关规定办理。

【释义】　本条是关于涉外保密管理的规定。

关于向境外或者向境外在中国境内设立的组织、机构提供国家秘密。根据《中华人民共和国出境入境管理法》有关规定，“境外”是指其他国家或者地区和我国香港特别行政区、澳门特别行政区、台湾地区。“向境外或者向境外在中国境内设立的组织、机构提供国家秘密”，是指在与境外或者境外在中国境内设立的组织、机构交往与合作中，从国家整体利益和对外交往合作的实际出发，权衡利弊，遵循合理、合法、适度的原则，经有关机关审查批准后，向境外合作方提供国家秘密。机关、单位向境外或者向境外在中国境内设立的组织、机构提供国家秘密时，应进行保密审查并作必要的技术处理，报有审批权限的部门批准，执行政府间保密协定或与对方签订保密协议，任何组织和个人不得擅自对外提供国家秘密。协议的基本内容包括：向境外或者向境外在中国境内设立的组织、机构提供的国家秘密事项及理由、承担的保密义务、违约责任等。目前，涉及这方面的具体规定主要包括《国家秘密载体出境保密管理规定》《关于加强境内企业境外发行证券和上市相关保密和档案管理工作的规定》以及对外交往与合作提供涉密资料有关保密管理规定等。

关于任用、聘用境外人员知悉国家秘密。随着我国对外交流与合作的不断深入，许多领域引进境外人才，任用、聘用境外管理人员、科研人员的情况日益增多。机关、单位在境内任用、聘用的境外人员在工作中确需接触、知悉我国家秘密的，应当经过审查批准。

机关、单位应当与经批准知悉国家秘密的境外人员签订保密协议，要求其承担保密义务。协议的基本内容包括：需要知悉的国家秘密事项及理由、承担的保密义务、违约责任、协议的法律效力等。机关、单位应指定专门机构和人员管理保密协议执行情况。一旦发现违反协议的情形或存在威胁国家秘密安全的行为，应立即采取有效措施，消除泄密隐患，并依法严肃追究有关责任人员的责任。

第三十八条　举办会议或者其他活动涉及国家秘密的，主办单位应当采取保密措施，并对参加人员进行保密教育，提出具体保密要求。

【释义】　本条是关于涉密会议、活动保密管理的规定。

涉密会议、活动应当按照“谁主办，谁负责”的原则，明确涉密会议、活动各方的保密管理职责。涉密会议、活动主办单位承担保密管理的主体责任，根据会议、活动具体情况，明确保密要求，采取保密措施，确保会议、活动安全保密。会议、活动承办单位按照主办单位要求提供安全保密的环境、设施和设备，配合做好会议、活动保密工作。保密行政管理部门应当对重大涉密会议、活动的保密工作进行监督和指导，并提供必要的安全保密技术服务保障。

涉密会议、活动的主办单位一般应采取以下保密措施：

严格制定保密方案。主办单位应制定保密工作方案，根据会议、活动主题、内容或文件、资料涉及国家秘密的最高密级，及时确定会议、活动的密级，对参加人员提出保密要求，明确专人负责督促落实。

严格参加人员审查。主办单位应根据会议、活动涉密程度和工作需要，确定参加人员范围，审核参加人员资格，登记参加人员姓名、单位、职务等情况，并保存相关材料。

严格国家秘密载体管理。主办单位应严格执行国家有关保密管理规定，对涉密会议、活动使用或形成的涉密文件、资料及其他国家秘密载体，在制作、分发、存放、回收、销毁等各个环节，落实保密管理措施。

严格场所设备检查。涉密会议、活动应在符合保密要求的场所进行，使用的扩音、录音、录像等电子设施、设备应经安全保密检查检测，携带、使用录音、录像设备应经主办单位批准。不得带入智能便携式穿戴设备，不得使用手机、对讲机、无绳电话、无线话筒、无线键盘、无线网络等无线设备或装置，不得使用不具备保密条件的电视电话会议系统。

严格保密教育提醒。主办单位应对参加人员（含列席人员以及工作、服务人员）进行保密教育提醒，要求参加人员妥善管理涉密文件、资料和其他国家秘密载体，不得擅自记录、录音、摄像和摘抄，不得擅自复印涉密文件、资料等。在会议、活动须知材料、文件资料清单中加入保密管理要求或保密提醒内容。在会场入口处采取安检、提醒等措施，防止进入人员带入手机等移动通信设备及其他未经批准的具有录音、录像功能的便携电子设备。

严格新闻报道审查。涉密会议、活动应健全信息公开审查机制，严格采访报道的保密审查，接受采访或公开报道应当经过批准，不得涉及国家秘密。对是否涉及国家秘密不清楚的，应当逐级报有确定权限的上级机关或保密行政管理部门确定。严防在宣传报道中造成失泄密事件。

第三十九条　机关、单位应当将涉及绝密级或者较多机密级、秘密级国家秘密的机构确定为保密要害部门，将集中制作、存放、保管国家秘密载体的专门场所确定为保密要害部位，按照国家保密规定和标准配备、使用必要的技术防护设施、设备。

【释义】　本条是关于保密要害部门、部位保密管理的规定。

“保密要害部门”，是指机关、单位日常工作中产生、传递、使用和管理绝密级或者较多机密级、秘密级国家秘密的内设机构。“保密要害部位”，是指机关、单位内部集中制作、存放、保管国家秘密载体的专门场所，如机关、单位的保密室、档案室和涉密信息系统机房等。

机关、单位确定保密要害部门、部位应坚持最小化原则。保密要害部门应当是机关内部涉及重要国家秘密事项的最小行政单位，或其绝大多数内设部门涉及重要国家秘密事项的行政单位。保密要害部位应当是集中制作、存放、保管国家秘密载体的最小专用、独立、固定场所。

机关、单位应按照国家有关保密规定和标准，切实加强对保密要害部门、部位的管理。

在办公场所管理方面，对保密要害部门、部位要加强安全防范措施，确定进入人员范围，对进入保密要害部门、部位的人员，应有严格的保密监督管理办法，严禁无关人员进入保密要害部门、部位。保密要害部门、部位应当确定安全控制区域，并根据周边环境特点采取必要的安全防范措施。党政军重要机关、单位办公场所与境外驻华机构之间应保持一定安全距离。

在人员管理方面，保密要害部门、部位工作人员上岗前要对其进行涉密资格审查和保密教育培训，审查合格的应要求其签订保密承诺书，并定期进行在岗保密教育培训和考核。保密要害部门、部位工作人员不得擅自离岗离职或因私出境。保密要害部门、部位工作人员符合涉密人员条件的，应当确定为涉密人员。

在技术防护措施配备方面，要按照国家保密标准强制配备保密技术防护设备，提高防护水平。对使用的信息设备，要进行保密技术检查检测，特别是进口设备和产品，应事先进行安全技术检查。禁止使用手机等无线设备，未经批准不得带入有录音、录像、拍照、信息存储等功能的设备。

第四十条　军事禁区、军事管理区和属于国家秘密不对外开放的其他场所、部位，应当采取保密措施，未经有关部门批准，不得擅自决定对外开放或者扩大开放范围。

涉密军事设施及其他重要涉密单位周边区域应当按照国家保密规定加强保密管理。

【释义】　本条是关于军事禁区等场所、部位和涉密军事设施周边区域保密管理的规定。

第一款规定军事禁区、军事管理区等涉密场所、部位保密管理制度。根据《中华人民共和国军事设施保护法》（以下简称军事设施保护法）规定，“军事禁区”，是指设有重要军事设施或者军事设施安全保密要求高、具有重大危险因素，需要国家采取特殊措施加以重点保护，依照法定程序和标准划定的军事区域。“军事管理区”，是指设有较重要军事设施或者军事设施安全保密要求较高、具有较大危险因素，需要国家采取特殊措施加以保护，依照法定程序和标准划定的军事区域。“属于国家秘密不对外开放的其他场所、部位”，主要是指本身属于国家秘密，进入后可能对国家秘密安全造成危害，按规定不得对外开放的场所、部位。“采取保密措施”通常包括：划定安全控制区域、配备警卫力量、设置禁止进入标志、设置伪装遮掩设施，以及按照国家保密规定和标准配备、使用必要的技术防护设施、设备等。

按照有关法律、法规、规章的规定，军事禁区、军事管理区和属于国家秘密不对外开放的其他场所、部位原则上不得对外开放，已有规定作部分开放的不得扩大开放的范围；因特殊原因需要对其进行摄影、摄像、录音、勘察、测量、定位、描绘和记述等的，必须经有关部门批准同意。

第二款规定涉密军事设施及其他重要涉密单位周边区域保密管理制度。“军事设施”，是指国家直接用于军事目的的建筑、场地和设备，包括军队为执行任务必需设置的临时设施。“其他重要涉密单位”，主要是指国家秘密高度集中且密级较高，保密管理任务艰巨繁重的单位。涉密军事设施及其他重要涉密单位周边区域应当按照国家保密规定采取相应保密措施，加强保密管理。

第四十一条　从事涉及国家秘密业务的企业事业单位，应当具备相应的保密管理能力，遵守国家保密规定。

从事国家秘密载体制作、复制、维修、销毁，涉密信息系统集成，武器装备科研生产，或者涉密军事设施建设等涉及国家秘密业务的企业事业单位，应当经过审查批准，取得保密资质。

【释义】 本条是关于从事涉及国家秘密业务（以下简称涉密业务）的企业事业单位保密管理的规定。

第一款规定从事涉密业务的企业事业单位的总体要求。明确从事涉密业务的企业事业单位，应当具备相应的保密管理能力，遵守国家保密规定。保密管理能力，主要包括涉密单位应当有专门机构或者人员负责保密工作，保密制度完善，从事涉密业务的人员具备必要的保密知识和技能，用于涉密业务的场所、设施、设备符合国家保密规定和标准，有专门的保密工作经费等。

第二款规定保密资质行政许可事项。“保密资质”，是指拟从事涉密业务的企业事业单位，经保密行政管理部门依法审查认定，获准从事涉密业务的能力及相应资格。保密行政管理部门单独或者会同有关部门对从事国家秘密载体制作、复制、维修、销毁，涉密信息系统集成，武器装备科研生产，涉密军事设施建设等涉及国家秘密的企业事业单位，实行保密资质管理。

“审查批准”，是指保密行政管理部门单独或者会同有关部门依据相关规定和程序，对企业事业单位是否具备从事涉密业务的条件、资格进行审核、检查和确认。审查的主要内容包括：企业事业单位性质、保密组织机构建设、保密制度与管理措施、保密条件保障、资本构成、人员情况等。审查一般采取书面审查和现场审查的方式进行。书面审查主要通过审阅申请单位提交的书面材料，对申请单位是否符合申请条件，是否进行现场审查作出决定；现场审查主要针对申请单位的保密管理能力，按照有关保密资质审查细则、评分标准和审查程序进行现场验证和核实，作出是否符合标准的判断。

对从事涉密业务的企业事业单位进行保密审查是国际通行做

法，美英德法日俄等国家均出台系列相关立法，形成了相应的保密审查制度。

第四十二条　采购涉及国家秘密的货物、服务的机关、单位，直接涉及国家秘密的工程建设、设计、施工、监理等单位，应当遵守国家保密规定。

机关、单位委托企业事业单位从事涉及国家秘密的业务，应当与其签订保密协议，提出保密要求，采取保密措施。

【释义】　本条是关于涉及国家秘密的采购（以下简称涉密采购）和委托涉密业务保密管理的规定。

第一款规定涉密采购的原则性要求。机关、单位采购货物、服务，因采购对象、渠道、用途等涉及国家秘密，需要在采购过程中控制国家秘密的知悉范围，并采取保密措施。

涉及国家秘密的货物（以下简称涉密货物），主要包括采购的货物属于国家秘密，或者采购用途、采购行为等涉及国家秘密。涉密货物采购保密管理主要包括：坚持“谁采购，谁负责”；坚持安全可靠优先；投入使用前，应当进行安全保密技术检查检测。

涉及国家秘密的服务（以下简称涉密服务），主要包括涉及国家秘密的会议活动、资产评估、财务审计、档案数字化、系统集成、维修维护、法律咨询等服务。机关、单位采购涉密货物、涉密服务应当遵守有关规定，进行保密审查，加强保密管理。

机关、单位对采购涉密货物或者服务保密管理工作承担主体责任，应当依照有关法律法规，选择具备相应保密资质或者符合保密条件的供应商采购涉密货物或者服务，并采取保密管理措施。

直接涉及国家秘密的工程（以下简称涉密工程），主要是指用途、功能或关键部位涉及国家秘密事项的工程，其新建、改建、扩建、装修、拆除、修缮的勘察、设计、施工、监理，必须按照国家保密规定采取保密管理措施。涉密工程的建设单位负责涉密工程的确定，并对涉密工程的保密管理负总责；涉密工程的设计、施工、监理等单位，应当在各自职责范围内承担保密管理责任。

第二款是关于机关、单位委托企业事业单位从事涉密业务的保密管理规定。“签订保密协议”，是指机关、单位根据有关保密法律法规的规定，与受委托从事涉密业务的企业事业单位签订要求其保守国家秘密的书面协议。机关、单位应针对所委托的涉密业务，提出具体保密要求，采取保密措施，严格限定国家秘密知悉范围，并采取必要的保密技术防护措施，加强涉密信息系统和信息设备、国家秘密载体的管理。

第四十三条　在涉密岗位工作的人员（以下简称涉密人员），按照涉密程度分为核心涉密人员、重要涉密人员和一般涉密人员，实行分类管理。

任用、聘用涉密人员应当按照国家有关规定进行审查。

涉密人员应当具有良好的政治素质和品行，经过保密教育培训，具备胜任涉密岗位的工作能力和保密知识技能，签订保密承诺书，严格遵守国家保密规定，承担保密责任。

涉密人员的合法权益受法律保护。对因保密原因合法权益受到影响和限制的涉密人员，按照国家有关规定给予相应待遇或者补偿。

【释义】 本条是关于涉密人员分类、审查、能力要求和权益保护的规定。

第一款规定涉密人员分类管理制度。机关、单位按照涉密岗位确定标准，确定涉密岗位及其涉密等级，对涉密人员实行分类管理。（1）关于涉密岗位确定。机关、单位应当根据工作岗位产生、办理、接触、使用国家秘密的数量和密级，确定涉密岗位及等级。涉密岗位分为核心、重要、一般涉密岗位。（2）关于涉密人员确定。在涉密岗位工作的人员应当确定为涉密人员。其中，在核心涉密岗位工作的人员应当确定为核心涉密人员，在重要涉密岗位工作的人员应当确定为重要涉密人员，在一般涉密岗位工作的人员应当确定为一般涉密人员。不在涉密岗位但接触、知悉少量国家秘密的人员，不确定为涉密人员，但应当按照有关保密法律法规，对其提出具体保密要求。

第二款规定涉密人员上岗保密审查制度。机关、单位应当按照国家有关规定，对拟任用、聘用到涉密岗位工作的所有人员进行上岗前保密审查，确认其是否具备在涉密岗位工作的条件和能力。未通过保密审查的，不得任用、聘用到涉密岗位工作。涉密人员保密审查由机关、单位组织人事部门组织实施。涉密人员保密审查内容主要包括：个人和家庭基本情况，现实表现，主要社会关系以及与境外机构、组织、人员交往等情况。涉密人员在岗期间，机关、单位组织人事部门应当定期组织复审，确保涉密人员符合涉密岗位工作要求。

第三款规定涉密人员的基本条件和上岗保密管理要求。（1）关于涉密人员的基本条件。政治素质方面，应当政治立场坚定，坚决执行党的路线、方针、政策，认真落实各项保密制度；品行方面，应当品行端正，忠诚可靠，作风正派，责任心强；工作能力方面，应当掌握保密业务知识、技能和基本的法律知识。（2）关于上岗保密管理要求。机关、单位应当对涉密人员进行上岗前保密教育培训，并组织签订保密承诺书。保密承诺书的主要内容包括：了解各项保密制度、履行保密义务、接受保密审查、承担法律责任等。

第四款规定涉密人员权益保障制度。涉密人员由于工作岗位的特殊性，在就业、出境、学术成果发表等方面会受到一定限制，按照权利义务对等原则，应当依法保护涉密人员合法权益，给予相应待遇或者补偿，从法律和制度层面为涉密人员的合法权益提供坚强有力保障，体现了党和国家对涉密人员的关心和爱护。机关、单位应当积极履行主体责任，建立权责利相统一的管理体系和制度机制，充分保障涉密人员合法权益。

第四十四条　机关、单位应当建立健全涉密人员管理制度，明确涉密人员的权利、岗位责任和要求，对涉密人员履行职责情况开展经常性的监督检查。

【释义】　本条是关于机关、单位涉密人员管理制度的规定。

关于建立健全涉密人员管理制度。机关、单位要依据涉密人员管理有关规定，建立健全本机关、本单位涉密人员管理制度，主要包括涉密岗位和涉密人员分类确定、上岗保密管理、在岗保密管理、出境保密管理、离岗离职保密管理、权益保障、责任追究等方面。“涉密人员的权利”，是指涉密人员除享有作为机关、单位一般工作人员应有的各项权利外，还有权要求机关、单位为其提供符合保密要求的工作条件，配备必要的保密设施、设备，参加保密业务培训，对本岗位的保密工作提出意见建议等。“岗位责任和要求”，是指涉密人员掌握并严格执行保密法律法规和具体规章制度，自觉接受保密业务培训，依法保管和使用国家秘密载体及保密设施、设备，制止和纠正违反保密规定的行为，接受保密监督检查等。

关于监督检查。机关、单位保密工作机构对涉密人员履行保密责任情况开展监督检查，主要内容包括：接受保密审查和复审，参加保密教育培训，遵守保密规定等情况。机关、单位组织人事部门应当将涉密人员履行保密责任情况作为考察考核、职务职级晋升和职称评审的重要参考。

第四十五条　涉密人员出境应当经有关部门批准，有关机关认为涉密人员出境将对国家安全造成危害或者对国家利益造成重大损失的，不得批准出境。

【释义】　本条是关于涉密人员出境管理的规定。

涉密人员作为国家秘密的知悉者、使用者和管理者，与国家安全和利益密切相关。加强涉密人员出境管理，既是保护国家秘密安全的需要，也是保护涉密人员自身安全的需要。

涉密人员出境应当经有关部门批准，未经批准，不得私自办理出境手续。有关机关认为涉密人员出境将对国家安全造成危害或者对国家利益造成重大损失的，不得批准出境。这里的“有关部门”，是指按照干部人事管理权限，批准或者任用、聘用涉密人员的主管部门。“有关机关”，是指公安机关、国家安全机关、保密行政管理部门等。涉密人员因公、因私出境审批，均应当按照人事行政隶属关系、干部管理权限等审批。涉密人员出境前，机关、单位组织人事部门（外事管理部门）应当对其进行保密教育，必要时保密工作机构予以配合。

第四十六条　涉密人员离岗离职应当遵守国家保密规定。机关、单位应当开展保密教育提醒，清退国家秘密载体，实行脱密期管理。涉密人员在脱密期内，不得违反规定就业和出境，不得以任何方式泄露国家秘密；脱密期结束后，应当遵守国家保密规定，对知悉的国家秘密继续履行保密义务。涉密人员严重违反离岗离职及脱密期国家保密规定的，机关、单位应当及时报告同级保密行政管理部门，由保密行政管理部门会同有关部门依法采取处置措施。

【释义】　本条是关于涉密人员离岗离职管理的规定。

涉密人员离岗离职应当按照国家保密规定，经本机关、本单位组织人事部门会同保密工作机构审核同意，按照人事行政隶属关系、干部管理权限审批。“离岗”，是指涉密人员离开涉密工作岗位，仍在本机关、本单位工作的情形。“离职”，是指涉密人员辞职、辞退、解聘、调离、退休等离开本机关、本单位的情形。涉密人员离岗离职前，机关、单位应当对其进行保密提醒谈话，与其签订保密承诺书，明确涉密人员离岗离职后应当履行的保密义务以及违反承诺应当承担的法律责任；督促其及时清退所持有和使用的国家秘密载体和涉密信息设备，办理移交手续。

“脱密期管理”，是指在一定期限内，从就业、出境等方面对离岗离职涉密人员采取限制措施。涉密人员在脱密期内，不得到境外（驻华）机构、组织或者外商独资企业工作；不得为境外组织、人员或者外商独资企业提供劳务、咨询或者其他服务；申请出境的，按照在岗涉密人员申请出境程序办理；定期向原机关、单位报告本人有关情况；不得在发布信息或者接受采访过程中涉及知悉的国家秘密。脱密期满，对其所知悉的国家秘密仍应当承担保密义务。

涉密人员脱密期自批准涉密人员离岗离职之日起计算，脱密期期限按照国家有关规定执行。机关、单位可以依据国家有关法律法规，结合本机关、本单位实际和涉密人员所接触、知悉、使用的国家秘密密级、知悉范围、保密期限等具体情况，确定脱密期期限，原则上不低于国家有关法律法规明确的脱密期期限。

第四十七条　国家工作人员或者其他公民发现国家秘密已经泄露或者可能泄露时，应当立即采取补救措施并及时报告有关机关、单位。机关、单位接到报告后，应当立即作出处理，并及时向保密行政管理部门报告。

【释义】　本条是关于泄密事件补救和报告的规定。

发现国家秘密已经泄露或者可能泄露时，立即采取补救措施并及时报告，是国家工作人员和其他公民的法定义务。“国家秘密已经泄露或者可能泄露”，是指国家秘密已经或者可能被不应知悉者知悉，或者国家秘密已经或者可能超出限定的接触范围，而不能证明未被不应知悉者知悉。“采取补救措施”，是指国家工作人员或者其他公民发现泄密事件或泄密隐患后，为避免或减轻泄密危害后果而采取的一切适当措施，比如，拾得他人遗失的国家秘密文件、资料，及时送交本单位保密工作机构、当地保密行政管理部门或者当地公安机关；发现他人出售、收购国家秘密文件、资料，及时向有关部门报告等。“报告有关机关、单位”，是指将有关情况及时向发生泄密或可能发生泄密的机关、单位报告，或者向有关保密行政管理部门、公安机关、国家安全机关报告。

接到报告的机关、单位，应当立即查明情况，存在泄密隐患的，要采取措施消除泄密隐患；发生泄密事件的，应当立即采取补救措施并书面报告保密行政管理部门，报告内容包括：被泄露的国家秘密事项的内容、密级、数量及其载体形式，泄密事件发现过程，泄密责任人基本情况，泄密事件发生时间、地点及过程，泄密事件造成或者可能造成的危害，已采取或拟采取的补救措施等。保密行政管理部门、公安机关、国家安全机关接到报告后，要按照职责分工，依法作出处理。

第四章 监督管理

本章共9条，主要规定保密行政管理部门制定保密规章和国家保密标准、监督管理、定密监督、保密检查和案件调查处理职责与处置措施、国家秘密鉴定、处分监督、风险评估、监测预警、应急处置和信息分析通报等职责及保密协会等行业组织职责。

第四十八条 国家保密行政管理部门依照法律、行政法规的规定，制定保密规章和国家保密标准。

【释义】 本条是关于保密规章和国家保密标准的规定。

保密规章是我国保密法律体系的重要组成部分，由国家保密行政管理部门根据法律、行政法规的规定，在本部门的权限范围内制定。“依照法律、行政法规”，是指要依据保密法及其实施条例和国务院有关保密工作的决定、命令，以及其他涉及保密工作的法律法规，同时严格遵循《中华人民共和国立法法》（以下简称立法法）、《规章制定程序条例》的有关规定制定保密规章。制定保密规章，包含立项、起草、审查、决定、公布、解释、备案等环节。2010年保密法实施以来，国家保密局依照有关法律法规，单独或者会同有关部门制定了《国家秘密定密管理暂行规定》《保密事项范围制定、修订和使用办法》《泄密案件查处办法》《涉密信息系统集成资质管理办法》《国家秘密载体印制资质管理办法》《国家秘密鉴定工作规定》《科学技术保密规定》《网络安全审查办法》《涉外气象探测和资料管理办法》等规章，建立了系统完备、科学规范、运行有效的保密规章制度体系。

国家保密标准是中华人民共和国保密标准的简称，由国家保密行政管理部门制定和发布，包括涉密信息系统类、涉密场所类、安全保密产品类等。国家保密标准是指导和规范保密技术防护与检查监管、安全保密产品管理等工作的重要依据。

第四十九条　保密行政管理部门依法组织开展保密宣传教育、保密检查、保密技术防护、保密违法案件调查处理工作，对保密工作进行指导和监督管理。

【释义】　本条是关于监督管理职责的规定。

保密宣传教育，是党和国家宣传教育工作的重要组成部分，是保密工作的重要基础。保密宣传教育工作的主要内容包括：宣传党和国家的保密工作方针政策、保密法律法规，开展党和国家保密工作优良传统教育、保密形势教育、保密知识技能培训、保密学科建设和学历教育等。保密宣传教育的重点对象是各级领导干部、涉密人员、公务员和保密干部。要通过保密教育培训，切实提高各级领导干部和涉密人员的保密意识，增强保密防范知识和技能。同时，应当面向全社会开展保密普法宣传和保密常识宣传，增强广大公民维护国家安全和利益的意识。要充分利用传统和现代传媒手段，灵活运用讲座、报告、技术演示、窃密泄密案例展示等多种形式开展保密宣传教育，提高针对性和实效性。

保密检查，是保密行政管理部门对贯彻执行党和国家保密工作方针政策、保密法律法规情况进行监督管理的主要手段，在保密管理体系中具有重要地位和作用。保密检查的主要对象是党政机关、涉及国家秘密的单位，在发现有关组织、个人有涉嫌违反保密法律法规的行为时，也应当进行保密检查。当前，保密工作面临的形势更加严峻复杂，面临的风险挑战前所未有，必须坚持打好积极防范主动仗，深入开展防泄密排查、进驻式保密检查，指导机关、单位开展保密自查，以查促管，以查促防，以查促改，以查促教，切实消除失泄密隐患和风险漏洞，确保党和国家秘密安全。

保密技术防护，是为防范国家秘密信息泄露或被窃取，应用保密科技装备和手段，对国家秘密载体、涉密信息设备、涉密信息系统和涉密场所等进行的安全技术保护，主要包括物理安全防护、运行安全防护和信息安全保密防护等。保密技术防护能力是国家整体保密能力的重要体现。近年来，互联网、大数据、云计算、人工智能、区块链等技术加速创新，日益融入经济社会发展各领域全过程，保密技术在窃密与反窃密对抗中发挥着重要作用，必须加大保密技术防护工作力度，大力推进技术自主创新，强化安全保密产品和保密技术装备管理，切实提高保密技术防护水平。

保密违法案件调查处理，是保密行政管理部门对公民举报、机关和单位报告、保密检查发现、有关部门移送的涉嫌违反保密法律法规的案件线索，依法调查处理或者组织、督促有关机关、单位调查处理的执法活动。保密违法案件调查处理主要包括立案、调查、处理和结案4个环节。在立案环节，应对涉嫌违反保密法律法规的线索和案件进行审核，作出是否进行调查和处理的决定。在调查环节，应查明保密违法案件事实，如存在泄密情形，应查明泄密原因、确定泄密责任人、进行技术核查取证，要求有关机关、单位及时采取补救措施。在处理环节，应根据违法行为的性质和情节，督促有关机关、单位对责任人员作出处理或者依照有关法律法规作出行政处罚，涉嫌构成犯罪的，依法追究刑事责任。在结案环节，保密行政管理部门对已经落实整改措施、有关责任人员受到处理的，或者涉嫌构成犯罪移送有关部门的，应当依法结束案件调查。

保密行政管理部门对保密工作的指导、监督管理，目的是督促机关、单位贯彻执行党和国家保密工作方针政策，落实保密法律法规规定，履行保密工作各项职责，抓好保密工作落实。“指导”，主要包括提出有关工作规划、部署工作任务、解读政策、开展培训等方式。“监督管理”，主要包括督促、检查、调查、考核或者评估等方式。

第五十条　保密行政管理部门发现国家秘密确定、变更或者解除不当的，应当及时通知有关机关、单位予以纠正。

【释义】　本条是关于定密监督职责的规定。

为提高机关、单位定密工作的科学性、精准性、规范性，保密行政管理部门应当加强对机关、单位定密工作的监督。

“国家秘密确定、变更或者解除不当”主要有5种类型：一是权限不当，即没有定密权的机关、单位定密，或者有定密权的机关、单位超出权限范围定密；二是依据不当，即未按照有关保密事项范围定密，如保密事项范围明确规定应当定密而没有定密，或者与保密事项范围规定的密级、保密期限明显不符；.三是程序不当，即未按照保密法律法规规定的定密程序定密，如定密未经定密责任人审核批准，密级、保密期限、知悉范围变更后未及时书面通知；四是内容不当，即在确定密级时未同时确定保密期限和知悉范围；五是标志不当，即国家秘密标志不完整、不规范。此外，机关、单位不履行国家秘密审核职责，对于应当变更、解除的国家秘密没有及时变更、解除的，也属于定密不当。保密行政管理部门对查实的定密不当问题，要及时通知纠正。有关机关、单位接到通知后，应当及时改正。

保密行政管理部门开展定密监督，主要采取以下方式：一是加强检查，将定密工作情况纳入保密检查范围，通过组织定密工作专项检查或抽查，及时发现和纠正机关、单位定密工作中存在的问题。二是对案件查处、密级鉴定工作中发现的机关、单位存在的定密问题，及时予以纠正。三是对机关、单位和个人反映的定密不当问题，及时进行核查处理。四是开展定密统计工作，掌握机关、单位定密工作情况。

第五十一条　保密行政管理部门依法对机关、单位遵守保密法律法规和相关制度的情况进行检查；涉嫌保密违法的，应当及时调查处理或者组织、督促有关机关、单位调查处理；涉嫌犯罪的，应当依法移送监察机关、司法机关处理。

对严重违反国家保密规定的涉密人员，保密行政管理部门应当建议有关机关、单位将其调离涉密岗位。

有关机关、单位和个人应当配合保密行政管理部门依法履行职责。

【释义】 本条是关于保密检查和案件调查处理职责的规定。

第一款明确保密行政管理部门保密检查、调查处理和移送职责。

组织开展保密检查，是保密行政管理部门的重要职责。检查的基本项目一般包括：保密工作责任制落实，保密制度建设，保密宣传教育培训，涉密人员管理，国家秘密定密管理，涉密文件管理，信息系统和信息设备保密管理，涉密场所及保密要害部门、部位管理，涉密采购保密管理，涉密会议、活动保密管理，涉外保密管理，涉密科研项目保密管理，宣传报道和信息公开保密审查，违反保密法律法规行为查处，以及保密工作机构设置和人员配备等情况。保密检查的形式主要包括全面检查与专项检查、人工检查与技术检查、单位自查与上级抽查、现场检查与远程检查等。

依法调查处理，主要是指保密行政管理部门对公民举报、机关和单位报告、保密检查发现、有关部门移送的涉嫌泄露国家秘密的案件线索，依法调查或者组织、督促有关机关、单位调查处理的行为。保密行政管理部门发现机关、单位涉嫌违反保密法律法规的，可以依法自行开展调查，认为存在保密违法事实，需要追究责任的，应当督促机关、单位提出处理意见，保密行政管理部门对有关处理意见是否符合法律法规规定进行监督。保密行政管理部门依照有关法律法规作出行政处罚的，在作出行政处罚决定之前，应当告知当事人拟作出的行政处罚内容及事实、理由、依据，并告知当事人依法享有的陈述、申辩、要求听证等权利；对于涉及重大公共利益、直接关系当事人或者第三人重大权益且经过听证程序、案件情况疑难复杂或者涉及多个法律关系等情形，作出行政处罚决定前应当进行法制审核。保密行政管理部门也可以督促、组织涉嫌违法的机关、单位自行开展调查处理，相关机关、单位应当按时查结，并向保密行政管理部门及时报告查处情况。

依法移送监察机关、司法机关处理，是保密行政管理部门对涉嫌犯罪情形的处理方式。涉嫌构成刑法侵害国家秘密犯罪的，应当根据管辖权限移送监察机关、司法机关进行处理。

第二款是关于保密行政管理部门对严重违反国家保密规定的涉密人员建议调离涉密岗位的规定。根据保密法、政务处分法等法律法规和《中国共产党纪律处分条例》等党内法规规定，应当对有关违反保密规定的责任人员进行处分。保密行政管理部门在保密检查和案件调查处理工作中，应当根据检查、调查情况，对有关责任人员采取不同的处理措施。对经调查认为尚未构成犯罪，但需给予处分的，可以移送具有处分决定权的有关机关、单位。对情节严重、不适合在涉密岗位工作的，还应当同时建议机关、单位将其调离涉密岗位。案件查结后，有关机关、单位应当及时将处理结果书面告知同级保密行政管理部门。

第三款明确机关、单位和个人的配合义务。组织开展保密检查和案件调查处理是保密行政管理部门的法定职责，配合保密行政管理部门检查和调查处理是机关、单位和个人的法定义务。机关、单位和个人都有义务采取有效措施，对保密行政管理部门依法履职行为予以积极配合，不得拒绝或者阻碍检查、调查人员依法执行职务。“配合”，是指机关、单位和个人应当如实提供保密工作开展情况，为保密行政管理部门开展检查和调查处理提供人员协助、设备支持和工作场所等必要的工作条件，接受保密行政管理部门提出的工作意见和建议，认真落实整改措施等。

第五十二条　保密行政管理部门在保密检查和案件调查处理中，可以依法查阅有关材料、询问人员、记录情况，先行登记保存有关设施、设备、文件资料等；必要时，可以进行保密技术检测。

保密行政管理部门对保密检查和案件调查处理中发现的非法获取、持有的国家秘密载体，应当予以收缴；发现存在泄露国家秘密隐患的，应当要求采取措施，限期整改；对存在泄露国家秘密隐患的设施、设备、场所，应当责令停止使用。

【释义】　本条是关于保密检查和案件调查处理的处置措施的规定。

第一款规定保密行政管理部门在保密检查和案件调查处理中可以采取的处置措施。规范保密检查和案件调查处理行为，是依法行政的要求，是确保保密检查、案件调查处理工作规范、统一、权威的客观需要。保密行政管理部门在保密检查、案件调查处理过程中，可以依法采取查阅资料、询问人员、记录情况等方式进行检查、调查，对有关设施、设备、文件资料等依法采取先行登记保存等行政处置措施；必要时，也可以进入涉密场所进行技术检测，鉴定涉密系统、设备和安全保密产品等的安全保密性能，或者利用技术手段对保密违法案件中有关电子证据进行提取和确认。其中，“记录情况”，是指保密行政管理部门应当通过文字、音像等记录形式，对保密检查和案件调查处理行为的启动、取证、决定、执行等全部过程进行记录，并全面系统归档保存，做到执法全过程留痕和可回溯管理。“先行登记保存”主要适用于以下几种情形，即：

涉密计算机有连接互联网的记录，涉密计算机或者连接互联网的计算机被植入“特种木马”且有介质交叉使用记录，涉密移动存储介质有在连接互联网的计算机上使用的记录，非涉密计算机中存有标密文件或较多涉嫌涉及国家秘密的信息，以及其他应当依法先行登记保存的情形。保密行政管理部门应当严格履行法定程序，及时书面告知相关机关、单位泄密隐患具体情况、先行登记保存的法律依据、先行登记保存的物品等。

第二款规定保密行政管理部门在保密检查和案件调查处理中发现违法行为可以采取的处置措施。

一是收缴。非法获取、持有国家秘密载体是直接侵害国家秘密安全的行为。保密行政管理部门对非法获取、持有的国家秘密载体予以收缴，是为防止国家秘密载体进一步失控而采取的强制性保护措施。“收缴”，是指保密行政管理部门将行为人非法获取、持有的国家秘密载体依法收回并作出处理。实施收缴要严格履行程序。对收缴的国家秘密载体应进行核查，查清密级、数量、来源渠道、流失范围等，并区别不同情况，采取相应处理措施。采取收缴措施，要注意把握以下几点：收缴应当在保密检查和案件调查处理中进行，实施收缴的主体是保密行政管理部门，收缴的对象是非法获取、持有的国家秘密载体，相对人有配合的法律义务。

二是限期整改。发现机关、单位制度建设不完善，涉密人员、国家秘密载体和涉密信息系统保密管理不严格，人防、物防、技防措施不到位，可能使国家秘密接触、知悉范围扩大或者失去控制的，保密行政管理部门应当要求其采取纠正、补救措施，提出整改意见，明确整改要求和整改期限，并根据整改情况决定是否进行复查。

三是责令停止使用。发现机关、单位处理国家秘密信息的设施、设备、场所不符合国家保密标准，技术防护没有达到保密要求，存在明显的泄密隐患和漏洞，继续使用将导致国家秘密失控或者泄露的，保密行政管理部门应当立即责令停止使用，予以封存。

第五十三条　办理涉嫌泄露国家秘密案件的机关，需要对有关事项是否属于国家秘密、属于何种密级进行鉴定的，由国家保密行政管理部门或者省、自治区、直辖市保密行政管理部门鉴定。

【释义】　本条是关于国家秘密鉴定的规定。

国家秘密鉴定，是保密行政管理部门对涉嫌泄露国家秘密案件中有关事项是否属于国家秘密以及属于何种密级进行鉴别和认定的活动。“涉嫌泄露国家秘密案件”主要是指涉嫌泄露国家秘密的犯罪案件和其他保密违法案件。国家秘密鉴定结论是保密行政管理部门以及检察机关、公安机关、国家安全机关、监察机关等查办案件和法院审理案件的重要依据。

关于鉴定的申请。国家秘密鉴定由办理涉嫌泄露国家秘密案件的机关提起申请。这里的申请机关是依法有权办理涉嫌泄露国家秘密案件的机关，包括有关纪检监察、侦查、公诉、审判机关和保密行政管理部门。中央一级办案机关申请国家秘密鉴定的，应当向国家保密行政管理部门提出；省级及以下办案机关申请国家秘密鉴定的，应当向所在地省、自治区、直辖市保密行政管理部门提出。

关于鉴定的主体。国家保密行政管理部门和省、自治区、直辖市保密行政管理部门负责国家秘密鉴定，地市级及以下保密行政管理部门不具备国家秘密鉴定职能。

关于鉴定的程序。国家秘密鉴定的基本程序是：审查提起鉴定事项的完整性及有无进行国家秘密鉴定的必要；审查鉴定事项内容的真伪和出处；向有关部门或办案机关了解与鉴定工作有关的案情；向鉴定事项产生机关、单位或其业务主管部门了解有关情况，征求有关专家的意见；由鉴定事项产生机关、单位或其业务主管部门对材料泄露时的密级、保密期限和危害情况提出鉴定意见；按照保密法律法规和保密事项范围等鉴定依据，分析研判有关意见，对鉴定材料作出鉴别和认定；向提请密级鉴定的机关出具国家秘密鉴定书。

关于鉴定的内容。国家秘密鉴定包括“鉴别”和“认定”两个方面。“鉴别”的本义是分辨事物的真假，在国家秘密鉴定中，是指对有关事项的真实性和来源进行辨别、核实。“认定”的本义是承认并确定，在国家秘密鉴定中，是指对有关事项是否确实属于国家秘密、确实关系国家安全和利益以及其关联程度予以确认和明确，特殊情况下，还要对国家秘密泄露后可能或者已经造成的危害进行评估。

第五十四条　机关、单位对违反国家保密规定的人员不依法给予处分的，保密行政管理部门应当建议纠正；对拒不纠正的，提请其上一级机关或者监察机关对该机关、单位负有责任的领导人员和直接责任人员依法予以处理。

【释义】 本条是关于处分监督的规定。

为强化对违反国家保密规定责任人员的责任追究，本条明确了保密行政管理部门处分监督的职责。明确保密行政管理部门处分监督职责，旨在督促保密法律制度落实到位，确保违反国家保密规定的行为予以追究，维护法律的严肃性和权威性。

“不依法给予处分”，主要包括：一是应当给予处分而不处分，应当追究领导责任而不追究。二是不当处分，如对责任人员的处理明显偏轻或者偏重、没有按规定时限予以处理等情形。“拒不纠正”，主要包括机关、单位对保密行政管理部门提出的纠正建议，无正当理由拒绝执行，或者推诿、拖延，在规定时间内不作处理等情形。

“建议纠正”是保密行政管理部门履行处分监督职责的具体方式，主要形式包括：书面建议，现场督查，约谈有关机关、单位负责人等。机关、单位拒不执行纠正建议的，保密行政管理部门可以根据具体情况，按照干部管理权限提请该机关、单位的上一级业务主管部门或者监察机关，依法追究负有责任的领导人员和直接责任人员的责任。

第五十五条　设区的市级以上保密行政管理部门建立保密风险评估机制、监测预警制度、应急处置制度，会同有关部门开展信息收集、分析、通报工作。

【释义】 本条是关于风险评估、监测预警、应急处置和信息分析通报的规定。

“保密风险评估”，主要是指对可能危害国家秘密安全的风险以及事件造成的影响进行科学的分析、研判和评估。保密行政管理部门建立保密风险评估机制，对于有效防范和化解失泄密风险至关重要。在保密风险评估的过程中，应当注重发挥相关专业机构、专业人员和有关专家学者的作用，确保评估方法科学严谨、评估结果全面准确。

“保密监测预警”，主要是指针对可能危害国家秘密安全的行为和风险进行持续监测，收集分析相关信息，发现和识别安全保密威胁，及时发出预警，以消除安全保密隐患。保密行政管理部门应当建立监测预警制度，配备监测预警设施和相应工作力量，及时、准确发布预警。有关机关、单位在收到预警信息后，应当及时采取保护国家秘密的处置措施，并将处置情况反馈同级保密行政管理部门。

“保密应急处置”，主要是指通过制定应急预案、组织应急演练、开展应急响应等措施，将危害国家秘密安全事件造成的危害后果和不利影响降到最小。保密行政管理部门应当建立保密应急处置制度，确保应急机制运转流畅、应对措施迅速有效、应急保障全面到位。相关机关、单位应当根据各自职责权限，配合、协助做好保密应急处置工作。

保密风险评估、监测预警、应急处置涉及众多部门，有关部门只有在履行各自职责的基础上，加强沟通、协作，才能形成合力，才能有效防范危害国家秘密安全风险。设区的市级以上保密行政管理部门，应当会同有关部门开展信息收集、分析、通报工作，通过上下联动、密切协同、各司其职，整合多方资源、交流共享信息，确保国家秘密安全。

第五十六条　保密协会等行业组织依照法律、行政法规的规定开展活动，推动行业自律，促进行业健康发展。

【释义】　本条是关于保密协会等行业组织职责的规定。

保密协会，是由与保密工作相关的企业事业单位和个人自愿结成的专业性、非营利性社会组织。随着保密事业和相关产业的快速发展，我国成立了中国保密协会等全国性行业组织，涵盖保密行业的多个领域，团体成员覆盖全国多个地区，不少地方也成立了保密协会。

保密协会接受保密行政管理部门的业务指导和监督管理，依照法律、行政法规和保密协会章程的规定，开展以下工作：宣传贯彻国家保密工作方针政策和保密法律法规；调研保密工作发展中的新情况、新问题，总结交流保密工作经验，组织和推动保密理论与实践研究，跟踪研究保密技术领域的新成果、新发展，向有关部门提出意见和建议；组织开展保密知识技能培训，提供保密咨询、保密技术服务；建立和加强与国内有关团体、组织联系，积极开展交流与合作；编辑出版会刊、普及性读物、论文集等书刊资料；维护会员的合法权益，反映会员意见和建议，协调单位会员开展工作，引导行业健康有序发展；承担保密行政管理部门依法委托或者授权的其他有关工作。

保密协会等行业组织推动行业自律，促进行业健康发展。“行业自律”，主要是指保密工作相关企业事业单位和个人为维护共同利益、促进共同发展而开展的订立行业规范、. 协调利益关系、规范行业行为、维护公平竞争的自我管理、自我约束行为。要大力推动保密相关行业诚信建设，充分发挥市场在保密相关行业资源配置中的作用，实现保密相关行业的健康发展。

第五章　法律责任

本章共6条，主要规定组织、个人违法的法律责任，机关、单位重大泄密和定密不当的法律责任，网络运营者和从事涉密业务的企业事业单位违法的法律责任，以及保密行政管理部门工作人员违法的法律责任。

第五十七条　违反本法规定，有下列情形之一，根据情节轻重，依法给予处分；有违法所得的，没收违法所得：

（一）非法获取、持有国家秘密载体的；

（二）买卖、转送或者私自销毁国家秘密载体的；

（三）通过普通邮政、快递等无保密措施的渠道传递国家秘密载体的；

（四）寄递、托运国家秘密载体出境，或者未经有关主管部门批准，携带、传递国家秘密载体出境的；

（五）非法复制、记录、存储国家秘密的；

（六）在私人交往和通信中涉及国家秘密的；

（七）未按照国家保密规定和标准采取有效保密措施，在互联网及其他公共信息网络或者有线和无线通信中传递国家秘密的；

（八）未按照国家保密规定和标准采取有效保密措施，将涉

密信息系统、涉密信息设备接入互联网及其他公共信息网络的；

（九）未按照国家保密规定和标准采取有效保密措施，在涉密信息系统、涉密信息设备与互联网及其他公共信息网络之间进行信息交换的；

（十）使用非涉密信息系统、非涉密信息设备存储、处理国家秘密的；

（十一）擅自卸载、修改涉密信息系统的安全技术程序、管理程序的；

（十二）将未经安全技术处理的退出使用的涉密信息设备赠送、出售、丢弃或者改作其他用途的；

（十三）其他违反本法规定的情形。

有前款情形尚不构成犯罪，且不适用处分的人员，由保密行政管理部门督促其所在机关、单位予以处理。

【释义】 本条是关于组织、个人违法的法律责任的规定。

第一款采取列举的方式，明确本法第二十八条、第二十九条、第三十一条列举的禁止行为和其他违反本法规定行为的法律责任。这些保密违法行为是导致保密措施失效、国家秘密失控、保密技术防护体系受到破坏、国家秘密安全遭受严重威胁的最常见、最典型的行为，应当依法追究有关责任人员的法律责任。这一规定表明，不论是否产生泄密实际后果，只要发生所列举的严重违法行为之一的，都应依法追究责任。

根据公务员法、监察法、政务处分法、《行政机关公务员处分条例》《事业单位工作人员处分规定》等法律法规规定，可以依法给予有关法律法规适用范围内的人员政务处分或者处分。符合监察法第十五条规定的人员，适用处分的种类包括警告、记过、记大过、降级、撤职、开除6种。事业单位中其他人员，适用处分的种类包括警告、记过、降低岗位等级、开除4种。对因违反保密工作职责受到政务处分或者处分的党政领导干部，在影响期内不得提拔使用。《中国共产党纪律处分条例》规定，党纪处分的种类包括警告、严重警告、撤销党内职务、留党察看、开除党籍5种。针对实践中违反保密法规定谋取不当经济利益的情形，规定"有违法所得的，没收违法所得"，旨在提高违法成本，有效震慑保密违法行为。

第二款规定对尚不构成犯罪，且不适用处分人员的处理方式。"不适用处分的人员"，主要包括不属于组织人事和监察机关规定的可以给予处分范围的人员。不适用处分的人员存在违反保密法律法规行为的，由保密行政管理部门督促其所在机关、单位根据内部管理规定，或者合同约定的条款，给予教育、训诫、经济处罚和解聘等不同形式的处理。

第五十八条　机关、单位违反本法规定，发生重大泄露国家秘密案件的，依法对直接负责的主管人员和其他直接责任人员给予处分。不适用处分的人员，由保密行政管理部门督促其主管部门予以处理。

机关、单位违反本法规定，对应当定密的事项不定密，对不应当定密的事项定密，或者未履行解密审核责任，造成严重后果的，依法对直接负责的主管人员和其他直接责任人员给予处分。

【释义】　本条是关于机关、单位重大泄密和定密不当的法律责任的规定。

第一款是关于机关、单位发生重大泄密案件的法律责任的规定。“直接责任人员”，是指直接实施违法、泄密行为的人员。“直接负责的主管人员”，是指负有直接领导责任的机关、单位负责人或者直接责任人所在部门的负责人。对机关、单位直接负责的主管人员追究责任，目的在于督促领导干部落实保密工作责任制，强化领导干部的监督管理责任。关于适用处分和处理的人员，参见本法第五十七条有关释义。

第二款是关于机关、单位定密不当法律责任的规定。定密不当的责任追究主要包括3种情形，第一种是应当定密而不定密；第二种是不应当定密而定密；第三种是未履行解密审核责任。上述情形都要求“造成严重后果”，即应当定密的事项不定密，不应当解密的事项解密，致使国家秘密失去保护，造成泄密的；不应当定密的事项定密，应当解密的事项未及时解密，严重影响信息资源合理利用，造成较大负面影响的。

第五十九条　网络运营者违反本法第三十四条规定的，由公安机关、国家安全机关、电信主管部门、保密行政管理部门按照各自职责分工依法予以处罚。

【释义】　本条是关于网络运营者违法的法律责任的规定。

依照有关法律法规和职责分工，公安机关、国家安全机关、电信主管部门、保密行政管理部门对网络运营者分别负有相关监督管理职责。

“违反本法第三十四条规定”，主要包括：网络运营者没有履行配合监察机关、保密行政管理部门、公安机关、国家安全机关对涉嫌泄密案件进行调查的义务；发现利用互联网及其他公共信息网络发布的信息涉嫌泄露国家秘密的，没有立即停止传输和保存有关记录，并向保密行政管理部门或者公安机关、国家安全机关报告；没有按照保密行政管理部门或者公安机关、国家安全机关的要求，及时删除涉及泄露国家秘密的信息，并对有关设备进行技术处理，致使国家秘密信息继续扩散。

“依法予以处罚”，根据《中华人民共和国行政处罚法》（以下简称行政处罚法）规定，行政处罚的种类包括警告、通报批评；罚款、没收违法所得、没收非法财物；暂扣许可证件、降低资质等级、吊销许可证件；限制开展生产经营活动、责令停产停业、责令关闭、限制从业；行政拘留等。对违反本法第三十四条规定的，相关部门根据各自职责分工，按照行政处罚法、《中华人民共和国治安管理处罚法》、《中华人民共和国网络安全法》、《中华人民共和国反间谍法》、《中华人民共和国电信条例》、《中华人民共和国计算机信息系统安全保护条例》、《计算机信息网络国际联网安全保护管理办法》、《互联网信息服务管理办法》和保密有关法律法规等予以处罚。

第六十条　取得保密资质的企业事业单位违反国家保密规定的，由保密行政管理部门责令限期整改，给予警告或者通报批评；有违法所得的，没收违法所得；情节严重的，暂停涉密业

务、降低资质等级；情节特别严重的，吊销保密资质。

未取得保密资质的企业事业单位违法从事本法第四十一条第二款规定的涉密业务的，由保密行政管理部门责令停止涉密业务，给予警告或者通报批评；有违法所得的，没收违法所得。

【释义】 本条是关于从事涉密业务的企业事业单位违法的法律责任的规定。

第一款规定对保密资质单位保密违法行为的处罚方式。取得保密资质的企业事业单位违反国家保密规定的，保密行政管理部门可以根据情节轻重采取处罚措施，主要包括以下类型：申诫罚，如警告、通报批评；资格罚，如降低资质等级、吊销保密资质；经济罚，如没收违法所得等。

第二款规定对未取得保密资质，违法从事涉密业务的企业事业单位的处罚方式。依据本法第四十一条，从事国家秘密载体制作、复制、维修、销毁，涉密信息系统集成，武器装备科研生产，或者涉密军事设施建设的涉密业务的企业事业单位，应当依法取得保密资质。保密行政管理部门发现企业事业单位未取得保密资质，违法从事本法第四十一条第二款规定的涉密业务的，可以采取责令停止涉密业务、警告、通报批评、没收违法所得等措施。

本条规定的法律责任具体包括：（1）责令限期整改，是指保密行政管理部门依法要求保密违法行为人在一定期限内将其保密违法行为恢复到合法状态。行政处罚法规定："行政机关实施行政处罚时，应当责令当事人改正或者限期改正违法行为。"（2）警告，是指保密行政管理部门对保密违法行为人提出告诫，使其认识自己保密违法所在和如何改正的一种处罚种类。警告是行政处罚中最轻的一种，一般适用于较为轻微、对社会危害程度不大的保密违法行为，可以当场作出。（3）通报批评，是指保密行政管理部门对有保密违法行为的公民、法人或者其他组织通过书面批评加以谴责和告诫，指出其保密违法行为，避免其再犯。（4）没收违法所得，是指保密行政管理部门依法将保密违法行为人因从事保密违法行为而获得的金钱收入强制无偿收归国有的一种行政处罚。行政处罚法规定："当事人有违法所得，除依法应当退赔的外，应当予以没收。违法所得是指实施违法行为所取得的款项。法律、行政法规、部门规章对违法所得的计算另有规定的，从其规定。"（5）暂停涉密业务，是指保密行政管理部门依法对违反保密管理秩序的资质单位暂时扣留保密资质证书，以暂时剥夺资质单位从事相应涉密业务的权利的行政处罚。（6）降低资质等级，是指保密行政管理部门依法对违反保密行政管理秩序的资质单位所取得的行政许可由较高等级降为较低等级的行政处罚。（7）吊销保密资质，是指保密行政管理部门依法对违反保密管理秩序的资质单位取消其所取得的保密资质证书，剥夺其从事相应涉密业务的权利的行政处罚。（8）责令停止涉密业务，是指保密行政管理部门依法要求应当取得保密资质而未取得保密资质的企业事业单位停止违法从事涉密业务。

第六十一条　保密行政管理部门的工作人员在履行保密管理职责中滥用职权、玩忽职守、徇私舞弊的，依法给予处分。

【释义】　本条是关于保密行政管理部门工作人员违法的法律

责任的规定。

明确保密行政管理部门工作人员不依法履行保密管理职责的行政责任，体现了权责统一的原则，有利于加强对保密行政管理部门工作人员的监督和管理，有利于强化责任意识，加强自我约束，正确履行职责。公务员法第五十九条及第一百零八条明确规定，公务员应当遵纪守法，不得滥用职权、玩忽职守、徇私舞弊，违者应当依法给予处分或者由监察机关依法给予政务处分；情节严重的，应当按照刑法第三百九十七条、第四百零二条有关规定，追究刑事责任。

“滥用职权”，是指保密行政管理部门工作人员超越职权范围或者违背法律授权的宗旨、违反法律程序行使职权的行为。“玩忽职守”，是指保密行政管理部门工作人员严重不负责任，不履行或者不正确履行职责的行为。“徇私舞弊”，是指保密行政管理部门工作人员在履行职责过程中，利用职务之便，弄虚作假、徇私谋利的行为。

根据公务员法、监察法、政务处分法、《行政机关公务员处分条例》、《事业单位工作人员处分规定》等法律法规规定，可以依法给予有关法律法规适用范围内的人员政务处分或者处分。根据《中国共产党纪律处分条例》规定，可以对违反党纪的党员给予党纪处分。本条适用主体必须是各级保密行政管理部门中负有保密管理职责的人员，不包括各级机关、单位专兼职保密干部，且违法行为必须发生在履行保密管理职责过程中。

第六十二条　违反本法规定，构成犯罪的，依法追究刑事责任。

【释义】 本条是关于违反本法行为的刑事责任的规定。

违反保密法规定，情节严重、符合刑事立案标准的，应当依法追究刑事责任。这里的责任主体，既包括违反保密法规定的组织和个人，也包括保密行政管理部门渎职的工作人员。

关于组织和个人违反保密法的刑事责任。根据我国刑法，涉嫌泄露国家秘密的罪名主要包括第一百一十条间谍罪；第一百一十一条为境外窃取、刺探、收买、非法提供国家秘密、情报罪；第二百八十二条非法获取国家秘密罪，非法持有国家绝密、机密文件、资料、物品罪；第三百九十八条故意泄露国家秘密罪、过失泄露国家秘密罪；第四百三十一条非法获取军事秘密罪，为境外窃取、刺探、收买、非法提供军事秘密罪；第四百三十二条故意泄露军事秘密罪、过失泄露军事秘密罪。

根据《最高人民检察院关于渎职侵权犯罪案件立案标准的规定》的规定，关于故意泄露国家秘密罪，“涉嫌下列情形之一的，应予立案：1.泄露绝密级国家秘密1项（件）以上的；2.泄露机密级国家秘密2项（件）以上的；3.泄露秘密级国家秘密3项（件）以上的；4.向非境外机构、组织、人员泄露国家秘密，造成或者可能造成危害社会稳定、经济发展、国防安全或者其他严重危害后果的；5.通过口头、书面或者网络等方式向公众散布、传播国家秘密的；6.利用职权指使或者强迫他人违反国家保守秘密法的规定泄露国家秘密的；7.以牟取私利为目的泄露国家秘密的；8.其他情节严重的情形”。关于过失泄露国家秘密罪，“涉嫌下列情形之一的，应予立案：1.泄露绝密级国家秘密1项（件）以上的；2.泄露机密级国家秘密3项（件）以上的；3.泄露秘密级国家秘密4项（件）以上的；4.违反保密规定，将涉及国家秘密的计算机或者计算机信息系统与互联网相连接，泄露国家秘密的；5.泄露国家秘密或者遗失国家秘密载体，隐瞒不报、不如实提供有关情况或者不采取补救措施的；6.其他情节严重的情形”。

关于保密行政管理部门工作人员渎职的刑事责任。刑法在第九章渎职罪中对滥用职权、玩忽职守、徇私舞弊的行为作出规定。第三百九十七条规定：“国家机关工作人员滥用职权或者玩忽职守，致使公共财产、国家和人民利益遭受重大损失的，处三年以下有期徒刑或者拘役；情节特别严重的，处三年以上七年以下有期徒刑。本法另有规定的，依照规定。国家机关工作人员徇私舞弊，犯前款罪的，处五年以下有期徒刑或者拘役；情节特别严重的，处五年以上十年以下有期徒刑。本法另有规定的，依照规定。”第四百零二条规定：“行政执法人员徇私舞弊，对依法应当移交司法机关追究刑事责任的不移交，情节严重的，处三年以下有期徒刑或者拘役；造成严重后果的，处三年以上七年以下有期徒刑。”

第六章　附　　则

本章共3条，是关于解放军和武警部队保密立法、工作秘密管理和本法施行日期的规定。

第六十三条　中国人民解放军和中国人民武装警察部队开展保密工作的具体规定，由中央军事委员会根据本法制定。

【释义】　本条是关于解放军和武警部队保密立法的规定。

中央军事委员会是国家的最高军事机关。立法法第一百一十七条规定，中央军事委员会根据宪法和法律，制定军事法规。根据本法制定的中国人民解放军和中国人民武装警察部队的保密工作具体规定，是国家保密法律制度体系的重要组成部分。

第六十四条　机关、单位对履行职能过程中产生或者获取的不属于国家秘密但泄露后会造成一定不利影响的事项，适用工作秘密管理办法采取必要的保护措施。工作秘密管理办法另行规定。

【释义】　本条是关于工作秘密管理的规定。

“工作秘密”，是指机关、单位在履行职能过程中产生或者获取的不属于国家秘密但泄露后会造成一定不利影响的事项。“工作秘密”这一概念在新中国成立初期，就已出现于部分文件之中。1952年《治安保卫委员会暂行组织条例》规定，治安保卫委员会委员必须“保守工作秘密”。1993年《国家公务员暂行条例》规定，国家公务员必须“保守国家秘密和工作秘密”。2018年公务员法明确规定公务员应当履行保守工作秘密的义务。

工作秘密一经确定，机关、单位应当适用工作秘密管理办法，采取必要的保护措施。机关、单位制作、收发、传递、保管、借阅、复制、维修、销毁工作秘密载体，应当遵守有关规定。机关、单位对存储、处理、传输工作秘密的信息系统和信息设备，应当采取必要的防护措施，确保有关信息可管可控。不得在未采取符合保密规定的防护措施的情况下，直接在互联网及其他公共信息网络中存储、处理、传输工作秘密。

第六十五条　本法自2024年5月1日起施行。

【释义】　本条是关于施行日期的规定。

本法于2024年2月27日公布，自2024年5月1日起施行。

立法法第六十一条规定：“法律应当明确规定施行日期。”法律施行时间是法律生效时间。规定法律施行时间，主要有3种方式：一是自公布之日起生效施行；二是法律公布后，经过一段时间后开始施行；三是法律公布后先予试行或暂行，而后加以补充完善，再通过为正式法律公布施行，在试行期间也具有约束力。考虑到本次修订幅度较大，本法采用第二种方式，在公布与施行之中预留一段时间，以便有关方面做好施行的准备工作，如围绕本法进行宣传培训，配套相关制度规范等。

第二部分 附 录

附录一

中华人民共和国主席令

第二十号

《中华人民共和国保守国家秘密法》已由中华人民共和国第十四届全国人民代表大会常务委员会第八次会议于2024年2月27日修订通过，现予公布，自2024年5月1日起施行。

中华人民共和国主席　**习近平**

2024年2月27日

中华人民共和国保守国家秘密法

（1988年9月5日第七届全国人民代表大会常务委员会第三次会议通过
2010年4月29日第十一届全国人民代表大会常务委员会第十四次会议第一次修订
2024年2月27日第十四届全国人民代表大会常务委员会第八次会议第二次修订）

目　　录

第一章　总　　则

第一条　为了保守国家秘密，维护国家安全和利益，保障改革开放和社会主义现代化建设事业的顺利进行，根据宪法，制定本法。

第二条　国家秘密是关系国家安全和利益，依照法定程序确定，在一定时间内只限一定范围的人员知悉的事项。

第三条 坚持中国共产党对保守国家秘密（以下简称保密）工作的领导。中央保密工作领导机构领导全国保密工作，研究制定、指导实施国家保密工作战略和重大方针政策，统筹协调国家保密重大事项和重要工作，推进国家保密法治建设。

第四条 保密工作坚持总体国家安全观，遵循党管保密、依法管理，积极防范、突出重点，技管并重、创新发展的原则，既确保国家秘密安全，又便利信息资源合理利用。

法律、行政法规规定公开的事项，应当依法公开。

第五条 国家秘密受法律保护。

一切国家机关和武装力量、各政党和各人民团体、企业事业组织和其他社会组织以及公民都有保密的义务。

任何危害国家秘密安全的行为，都必须受到法律追究。

第六条 国家保密行政管理部门主管全国的保密工作。县级以上地方各级保密行政管理部门主管本行政区域的保密工作。

第七条 国家机关和涉及国家秘密的单位（以下简称机关、单位）管理本机关和本单位的保密工作。

中央国家机关在其职权范围内管理或者指导本系统的保密工作。

第八条 机关、单位应当实行保密工作责任制，依法设置保密工作机构或者指定专人负责保密工作，健全保密管理制度，完善保密防护措施，开展保密宣传教育，加强保密监督检查。

第九条 国家采取多种形式加强保密宣传教育，将保密教育纳入国民教育体系和公务员教育培训体系，鼓励大众传播媒介面向社会进行保密宣传教育，普及保密知识，宣传保密法治，增强全社会的保密意识。

第十条 国家鼓励和支持保密科学技术研究和应用，提升自主创新能力，依法保护保密领域的知识产权。

第十一条 县级以上人民政府应当将保密工作纳入本级国民经济和社会发展规划，所需经费列入本级预算。

机关、单位开展保密工作所需经费应当列入本机关、本单位年度预算或者年度收支计划。

第十二条 国家加强保密人才培养和队伍建设，完善相关激励保障机制。

对在保守、保护国家秘密工作中做出突出贡献的组织和个人，按照国家有关规定给予表彰和奖励。

第二章 国家秘密的范围和密级

第十三条 下列涉及国家安全和利益的事项，泄露后可能损害国家在政治、经济、国防、外交等领域的安全和利益的，应当确定为国家秘密：

（一）国家事务重大决策中的秘密事项；

（二）国防建设和武装力量活动中的秘密事项；

（三）外交和外事活动中的秘密事项以及对外承担保密义务的秘密事项；

（四）国民经济和社会发展中的秘密事项；

（五）科学技术中的秘密事项；

（六）维护国家安全活动和追查刑事犯罪中的秘密事项；

（七）经国家保密行政管理部门确定的其他秘密事项。

政党的秘密事项中符合前款规定的，属于国家秘密。

第十四条　国家秘密的密级分为绝密、机密、秘密三级。

绝密级国家秘密是最重要的国家秘密，泄露会使国家安全和利益遭受特别严重的损害；机密级国家秘密是重要的国家秘密，泄露会使国家安全和利益遭受严重的损害；秘密级国家秘密是一般的国家秘密，泄露会使国家安全和利益遭受损害。

第十五条　国家秘密及其密级的具体范围（以下简称保密事项范围），由国家保密行政管理部门单独或者会同有关中央国家机关规定。

军事方面的保密事项范围，由中央军事委员会规定。

保密事项范围的确定应当遵循必要、合理原则，科学论证评估，并根据情况变化及时调整。保密事项范围的规定应当在有关范围内公布。

第十六条　机关、单位主要负责人及其指定的人员为定密责任人，负责本机关、本单位的国家秘密确定、变更和解除工作。

机关、单位确定、变更和解除本机关、本单位的国家秘密，应当由承办人提出具体意见，经定密责任人审核批准。

第十七条　确定国家秘密的密级，应当遵守定密权限。

中央国家机关、省级机关及其授权的机关、单位可以确定绝密级、机密级和秘密级国家秘密；设区的市级机关及其授权的机关、单位可以确定机密级和秘密级国家秘密；特殊情况下无法按照上述规定授权定密的，国家保密行政管理部门或者省、自治区、直辖市保密行政管理部门可以授予机关、单位定密权限。具体的定密权限、授权范围由国家保密行政管理部门规定。

下级机关、单位认为本机关、本单位产生的有关定密事项属于上级机关、单位的定密权限，应当先行采取保密措施，并立即报请上级机关、单位确定；没有上级机关、单位的，应当立即提请有相应定密权限的业务主管部门或者保密行政管理部门确定。

公安机关、国家安全机关在其工作范围内按照规定的权限确定国家秘密的密级。

第十八条 机关、单位执行上级确定的国家秘密事项或者办理其他机关、单位确定的国家秘密事项，需要派生定密的，应当根据所执行、办理的国家秘密事项的密级确定。

第十九条 机关、单位对所产生的国家秘密事项，应当按照保密事项范围的规定确定密级，同时确定保密期限和知悉范围；有条件的可以标注密点。

第二十条 国家秘密的保密期限，应当根据事项的性质和特点，按照维护国家安全和利益的需要，限定在必要的期限内；不能确定期限的，应当确定解密的条件。

国家秘密的保密期限，除另有规定外，绝密级不超过三十年，机密级不超过二十年，秘密级不超过十年。

机关、单位应当根据工作需要，确定具体的保密期限、解密时间或者解密条件。

机关、单位对在决定和处理有关事项工作过程中确定需要保密的事项，根据工作需要决定公开的，正式公布时即视为解密。

第二十一条 国家秘密的知悉范围，应当根据工作需要限定在最小范围。

国家秘密的知悉范围能够限定到具体人员的，限定到具体人员；不能限定到具体人员的，限定到机关、单位，由该机关、单位限定到具体人员。

国家秘密的知悉范围以外的人员，因工作需要知悉国家秘密的，应当经过机关、单位主要负责人或者其指定的人员批准。原定密机关、单位对扩大国家秘密的知悉范围有明确规定的，应当遵守其规定。

第二十二条 机关、单位对承载国家秘密的纸介质、光介质、电磁介质等载体（以下简称国家秘密载体）以及属于国家秘密的设备、产品，应当作出国家秘密标志。

涉及国家秘密的电子文件应当按照国家有关规定作出国家秘密标志。

不属于国家秘密的，不得作出国家秘密标志。

第二十三条 国家秘密的密级、保密期限和知悉范围，应当根据情况变化及时变更。国家秘密的密级、保密期限和知悉范围的变更，由原定密机关、单位决定，也可以由其上级机关决定。

国家秘密的密级、保密期限和知悉范围变更的，应当及时书面通知知悉范围内的机关、单位或者人员。

第二十四条 机关、单位应当每年审核所确定的国家秘密。

国家秘密的保密期限已满的，自行解密。在保密期限内因保密事项范围调整不再作为国家秘密，或者公开后不会损害国家安全和利益，不需要继续保密的，应当及时解密；需要延长保密期限的，应当在原保密期限届满前重新确定密级、保密期限和知悉范围。提前解密或者延长保密期限的，由原定密机关、单位决定，也可以由其上级机关决定。

第二十五条 机关、单位对是否属于国家秘密或者属于何种密级不明确或者有争议的，由国家保密行政管理部门或者省、自治区、直辖市保密行政管理部门按照国家保密规定确定。

第三章 保密制度

第二十六条 国家秘密载体的制作、收发、传递、使用、复制、保存、维修和销毁，应当符合国家保密规定。

绝密级国家秘密载体应当在符合国家保密标准的设施、设备中保存，并指定专人管理；未经原定密机关、单位或者其上级机关批准，不得复制和摘抄；收发、传递和外出携带，应当指定人员负责，并采取必要的安全措施。

第二十七条 属于国家秘密的设备、产品的研制、生产、运输、使用、保存、维修和销毁，应当符合国家保密规定。

第二十八条 机关、单位应当加强对国家秘密载体的管理，任何组织和个人不得有下列行为：

（一）非法获取、持有国家秘密载体；

（二）买卖、转送或者私自销毁国家秘密载体；

（三）通过普通邮政、快递等无保密措施的渠道传递国家秘密载体；

（四）寄递、托运国家秘密载体出境；

（五）未经有关主管部门批准，携带、传递国家秘密载体出境；

（六）其他违反国家秘密载体保密规定的行为。

第二十九条　禁止非法复制、记录、存储国家秘密。

禁止未按照国家保密规定和标准采取有效保密措施，在互联网及其他公共信息网络或者有线和无线通信中传递国家秘密。

禁止在私人交往和通信中涉及国家秘密。

第三十条　存储、处理国家秘密的计算机信息系统（以下简称涉密信息系统）按照涉密程度实行分级保护。

涉密信息系统应当按照国家保密规定和标准规划、建设、运行、维护，并配备保密设施、设备。保密设施、设备应当与涉密信息系统同步规划、同步建设、同步运行。

涉密信息系统应当按照规定，经检查合格后，方可投入使用，并定期开展风险评估。

第三十一条　机关、单位应当加强对信息系统、信息设备的保密管理，建设保密自监管设施，及时发现并处置安全保密风险隐患。任何组织和个人不得有下列行为：

（一）未按照国家保密规定和标准采取有效保密措施，将涉密信息系统、涉密信息设备接入互联网及其他公共信息网络；

（二）未按照国家保密规定和标准采取有效保密措施，在涉密信息系统、涉密信息设备与互联网及其他公共信息网络之间进行信息交换；

（三）使用非涉密信息系统、非涉密信息设备存储或者处理国家秘密；

（四）擅自卸载、修改涉密信息系统的安全技术程序、管理程序；

（五）将未经安全技术处理的退出使用的涉密信息设备赠送、出售、丢弃或者改作其他用途；

（六）其他违反信息系统、信息设备保密规定的行为。

第三十二条 用于保护国家秘密的安全保密产品和保密技术装备应当符合国家保密规定和标准。

国家建立安全保密产品和保密技术装备抽检、复检制度，由国家保密行政管理部门设立或者授权的机构进行检测。

第三十三条 报刊、图书、音像制品、电子出版物的编辑、出版、印制、发行，广播节目、电视节目、电影的制作和播放，网络信息的制作、复制、发布、传播，应当遵守国家保密规定。

第三十四条 网络运营者应当加强对其用户发布的信息的管理，配合监察机关、保密行政管理部门、公安机关、国家安全机关对涉嫌泄露国家秘密案件进行调查处理；发现利用互联网及其他公共信息网络发布的信息涉嫌泄露国家秘密的，应当立即停止传输该信息，保存有关记录，向保密行政管理部门或者公安机关、国家安全机关报告；应当根据保密行政管理部门或者公安机关、国家安全机关的要求，删除涉及泄露国家秘密的信息，并对有关设备进行技术处理。

第三十五条 机关、单位应当依法对拟公开的信息进行保密审查，遵守国家保密规定。

第三十六条 开展涉及国家秘密的数据处理活动及其安全监管应当符合国家保密规定。

国家保密行政管理部门和省、自治区、直辖市保密行政管理部门会同有关主管部门建立安全保密防控机制，采取安全保密防控措施，防范数据汇聚、关联引发的泄密风险。

机关、单位应当对汇聚、关联后属于国家秘密事项的数据依法加强安全管理。

第三十七条 机关、单位向境外或者向境外在中国境内设立的组织、机构提供国家秘密，任用、聘用的境外人员因工作需要知悉国家秘密的，按照国家有关规定办理。

第三十八条 举办会议或者其他活动涉及国家秘密的，主办单位应当采取保密措施，并对参加人员进行保密教育，提出具体保密要求。

第三十九条 机关、单位应当将涉及绝密级或者较多机密级、秘密级国家秘密的机构确定为保密要害部门，将集中制作、存放、保管国家秘密载体的专门场所确定为保密要害部位，按照国家保密规定和标准配备、使用必要的技术防护设施、设备。

第四十条 军事禁区、军事管理区和属于国家秘密不对外开放的其他场所、部位，应当采取保密措施，未经有关部门批准，不得擅自决定对外开放或者扩大开放范围。

涉密军事设施及其他重要涉密单位周边区域应当按照国家保密规定加强保密管理。

第四十一条 从事涉及国家秘密业务的企业事业单位，应当具备相应的保密管理能力，遵守国家保密规定。

从事国家秘密载体制作、复制、维修、销毁，涉密信息系统集成，武器装备科研生产，或者涉密军事设施建设等涉及国家秘密业务的企业事业单位，应当经过审查批准，取得保密资质。

第四十二条 采购涉及国家秘密的货物、服务的机关、单位，直接涉及国家秘密的工程建设、设计、施工、监理等单位，应当遵守国家保密规定。

机关、单位委托企业事业单位从事涉及国家秘密的业务，应当与其签订保密协议，提出保密要求，采取保密措施。

第四十三条 在涉密岗位工作的人员（以下简称涉密人员），按照涉密程度分为核心涉密人员、重要涉密人员和一般涉密人员，实行分类管理。

任用、聘用涉密人员应当按照国家有关规定进行审查。

涉密人员应当具有良好的政治素质和品行，经过保密教育培训，具备胜任涉密岗位的工作能力和保密知识技能，签订保密承诺书，严格遵守国家保密规定，承担保密责任。

涉密人员的合法权益受法律保护。对因保密原因合法权益受到影响和限制的涉密人员，按照国家有关规定给予相应待遇或者补偿。

第四十四条 机关、单位应当建立健全涉密人员管理制度，明确涉密人员的权利、岗位责任和要求，对涉密人员履行职责情况开展经常性的监督检查。

第四十五条 涉密人员出境应当经有关部门批准，有关机关认为涉密人员出境将对国家安全造成危害或者对国家利益造成重大损失的，不得批准出境。

第四十六条 涉密人员离岗离职应当遵守国家保密规定。机关、单位应当开展保密教育提醒，清退国家秘密载体，实行脱密期管理。涉密人员在脱密期内，不得违反规定就业和出境，不得以任何方式泄露国家秘密；脱密期结束后，应当遵守国家保密规定，对知悉的国家秘密继续履行保密义务。涉密人员严重违反离岗离职及脱密期国家保密规定的，机关、单位应当及时报告同级保密行政管理部门，由保密行政管理部门会同有关部门依法采取处置措施。

第四十七条 国家工作人员或者其他公民发现国家秘密已经泄露或者可能泄露时，应当立即采取补救措施并及时报告有关机关、单位。机关、单位接到报告后，应当立即作出处理，并及时向保密行政管理部门报告。

第四章 监督管理

第四十八条 国家保密行政管理部门依照法律、行政法规的规定，制定保密规章和国家保密标准。

第四十九条 保密行政管理部门依法组织开展保密宣传教育、保密检查、保密技术防护、保密违法案件调查处理工作，对保密工作进行指导和监督管理。

第五十条 保密行政管理部门发现国家秘密确定、变更或者解除不当的，应当及时通知有关机关、单位予以纠正。

第五十一条 保密行政管理部门依法对机关、单位遵守保密法律法规和相关制度的情况进行检查；涉嫌保密违法的，应当及时调查处理或者组织、督促有关机关、单位调查处理；涉嫌犯罪的，应当依法移送监察机关、司法机关处理。

对严重违反国家保密规定的涉密人员，保密行政管理部门应当建议有关机关、单位将其调离涉密岗位。

有关机关、单位和个人应当配合保密行政管理部门依法履行职责。

第五十二条 保密行政管理部门在保密检查和案件调查处理

中，可以依法查阅有关材料、询问人员、记录情况，先行登记保存有关设施、设备、文件资料等；必要时，可以进行保密技术检测。

保密行政管理部门对保密检查和案件调查处理中发现的非法获取、持有的国家秘密载体，应当予以收缴；发现存在泄露国家秘密隐患的，应当要求采取措施，限期整改；对存在泄露国家秘密隐患的设施、设备、场所，应当责令停止使用。

第五十三条 办理涉嫌泄露国家秘密案件的机关，需要对有关事项是否属于国家秘密、属于何种密级进行鉴定的，由国家保密行政管理部门或者省、自治区、直辖市保密行政管理部门鉴定。

第五十四条 机关、单位对违反国家保密规定的人员不依法给予处分的，保密行政管理部门应当建议纠正；对拒不纠正的，提请其上一级机关或者监察机关对该机关、单位负有责任的领导人员和直接责任人员依法予以处理。

第五十五条 设区的市级以上保密行政管理部门建立保密风险评估机制、监测预警制度、应急处置制度，会同有关部门开展信息收集、分析、通报工作。

第五十六条 保密协会等行业组织依照法律、行政法规的规定开展活动，推动行业自律，促进行业健康发展。

第五章 法律责任

第五十七条 违反本法规定，有下列情形之一，根据情节轻重，依法给予处分；有违法所得的，没收违法所得：

（一）非法获取、持有国家秘密载体的；

（二）买卖、转送或者私自销毁国家秘密载体的；

（三）通过普通邮政、快递等无保密措施的渠道传递国家秘密载体的；

（四）寄递、托运国家秘密载体出境，或者未经有关主管部门批准，携带、传递国家秘密载体出境的；

（五）非法复制、记录、存储国家秘密的；

（六）在私人交往和通信中涉及国家秘密的；

（七）未按照国家保密规定和标准采取有效保密措施，在互联网及其他公共信息网络或者有线和无线通信中传递国家秘密的；

（八）未按照国家保密规定和标准采取有效保密措施，将涉密信息系统、涉密信息设备接入互联网及其他公共信息网络的；

（九）未按照国家保密规定和标准采取有效保密措施，在涉密信息系统、涉密信息设备与互联网及其他公共信息网络之间进行信息交换的；

（十）使用非涉密信息系统、非涉密信息设备存储、处理国家秘密的；

（十一）擅自卸载、修改涉密信息系统的安全技术程序、管理程序的；

（十二）将未经安全技术处理的退出使用的涉密信息设备赠送、出售、丢弃或者改作其他用途的；

（十三）其他违反本法规定的情形。

有前款情形尚不构成犯罪，且不适用处分的人员，由保密行政管理部门督促其所在机关、单位予以处理。

第五十八条　机关、单位违反本法规定，发生重大泄露国家秘密案件的，依法对直接负责的主管人员和其他直接责任人员给予处分。不适用处分的人员，由保密行政管理部门督促其主管部门予以处理。

机关、单位违反本法规定，对应当定密的事项不定密，对不应当定密的事项定密，或者未履行解密审核责任，造成严重后果的，依法对直接负责的主管人员和其他直接责任人员给予处分。

第五十九条 网络运营者违反本法第三十四条规定的，由公安机关、国家安全机关、电信主管部门、保密行政管理部门按照各自职责分工依法予以处罚。

第六十条 取得保密资质的企业事业单位违反国家保密规定的，由保密行政管理部门责令限期整改，给予警告或者通报批评；有违法所得的，没收违法所得；情节严重的，暂停涉密业务、降低资质等级；情节特别严重的，吊销保密资质。

未取得保密资质的企业事业单位违法从事本法第四十一条第二款规定的涉密业务的，由保密行政管理部门责令停止涉密业务，给予警告或者通报批评；有违法所得的，没收违法所得。

第六十一条 保密行政管理部门的工作人员在履行保密管理职责中滥用职权、玩忽职守、徇私舞弊的，依法给予处分。

第六十二条 违反本法规定，构成犯罪的，依法追究刑事责任。

第六章 附 则

第六十三条 中国人民解放军和中国人民武装警察部队开展保

密工作的具体规定，由中央军事委员会根据本法制定。

第六十四条　机关、单位对履行职能过程中产生或者获取的不属于国家秘密但泄露后会造成一定不利影响的事项，适用工作秘密管理办法采取必要的保护措施。工作秘密管理办法另行规定。

第六十五条　本法自2024年5月1日起施行。

关于《中华人民共和国保守国家秘密法（修订草案）》的说明

——2023年10月20日在第十四届全国人民代表大会常务委员会第六次会议上

国家保密局局长　李兆宗

委员长、各位副委员长、秘书长、各位委员：

我受国务院委托，现对《中华人民共和国保守国家秘密法（修订草案）》（以下简称修订草案）作说明。

一、修订的必要性和工作过程

党中央、国务院历来高度重视保密工作。习近平总书记指出，要依法治密，加强保密立法和制度建设，严格保密行政执法，形成好的法治氛围和法治环境。李强总理对各级政府及其部门做好保密工作提出要求。1988年制定、2010年修订的现行《中华人民共和国保守国家秘密法》（以下简称《保密法》），有力促进了保密事业发展，对于保守国家秘密、维护国家安全和利益发挥了重要作用。当前，保密工作面临的形势十分严峻复杂，窃密与反窃密的斗争尖锐复杂。为应对保密工作面临的新形势新任务，需要重点从以下几个方面对《保密法》作出修订：一是进一步加强党对保密工作的统一领导，完善管理体制机制；二是适应新形势下保密工作对象、内容以及职责、任务的深刻变化，修改完善相关保密制度；三是总结提炼党的十八大以来保密工作成熟有效的政策措施和实践经验，上升为法律制度。

修订《保密法》已列入全国人大常委会和国务院2023年度立法工作计划。国家保密局在深入调研论证、广泛听取意见的基础上，起草并向国务院报送了《保密法》（修订草案送审稿）。司法部先后两次大范围征求有关中央单位、地方政府、协会、企事业单位和专家学者意见，赴地方开展实地调研，在此基础上会同国家保密局反复研究修改，形成了修订草案。修订草案已经国务院常务会议讨论通过。

二、修订的总体思路和主要内容

《保密法》修订工作坚持以习近平新时代中国特色社会主义思想为指导，深入学习贯彻习近平法治思想和习近平总书记关于保密工作的重要指示批示精神，全面贯彻落实党的二十大精神和党中央重大决策部署，并遵循以下总体思路：一是坚持党对保密工作的统一领导，进一步发挥党管保密的政治优势和组织优势。二是坚持总体国家安全观，统筹发展和安全。三是坚持问题导向，着力解决保密工作中的突出问题。四是坚持统筹协调，与相关法律做好衔接，形成制度合力。修订草案主要修订内容包括：

（一）贯彻落实党管保密原则，完善管理体制机制。一是坚持中国共产党对保密工作的领导，明确中央保密工作领导机构职责。

二是规定保密工作坚持总体国家安全观，明确保密工作应遵循的基本原则。三是实行保密工作责任制，要求机关、单位依法设置保密工作机构或者指定专人负责保密工作。四是加强保密宣传教育，支持保密科学技术研究和应用，强化保密干部队伍建设和专业人才培养。五是明确将保密工作纳入国民经济和社会发展规划，保障所需经费。

（二）聚焦实际工作突出问题，细化定密解密管理要求。一是明确国家保密行政管理部门可以单独规定国家秘密及其密级的具体范围。二是解决个别单位定密授权主体不明确问题，规定省级以上保密行政管理部门可以授予有关机关、单位定密权限。三是规定涉密电子文件作出国家秘密标志原则性要求。四是对现行《保密法》中解密规定作了细化。五是增加工作秘密规定。

（三）回应社会发展需要，健全保密管理制度。一是禁止未按照国家保密规定和标准采取有效保密措施，在公共信息网络传递国家秘密或者将涉密信息系统、涉密信息设备接入公共信息网络。二是国家建立安全保密产品和保密技术装备抽检、复检制度。三是机关、单位应当依法对拟公开的信息进行保密审查。四是对汇聚、关联后属于国家秘密事项的数据加强安全管理。五是加强军事管理区保密管理以及涉密军事设施、其他重要涉密单位周边区域保密管理。六是新增涉密军事设施建设单位保密资质认定。七是完善涉密人员脱密期管理制度。

（四）完善制度规范，强化保密监管措施。一是规范保密行政管理部门在保密检查和案件调查中的执法手段。二是建立保密风险评估、监测预警、应急处置等制度机制。三是明确保密工作行业组织依法开展活动、推动行业自律的原则要求。

此外，修订草案还进一步完善了法律责任。

修订草案和以上说明是否妥当，请审议。

加强保密法治建设
筑牢新时代国家秘密安全防线*

李兆宗

2024年2月27日，国家主席习近平签署第20号主席令，公布了第十四届全国人大常委会第八次会议修订通过的《中华人民共和国保守国家秘密法》（以下简称保密法），自2024年5月1日起施行。保密法的修订颁布，是我国保密法治建设进程中一个新的里程碑，为保护国家秘密安全，更好维护国家主权、安全、发展利益提供了坚强法治保障。

一、深刻认识修订颁布保密法的重要意义，增强学法用法的责任感使命感

保密法自1988年9月颁布、2010年4月修订以来，有力促进了保密事业发展，对于保守国家秘密，维护国家安全和利益发挥了重要作用。进入新时代，国际国内形势发生深刻变化，科技发展日新月异，保密工作面临一些新问题新挑战。修订颁布保密法，是新形势下贯彻落实党中央关于保密工作决策部署，健全国家安全体系，加

* 原载于2024年2月28日《人民日报》。

强保密法治建设的一项重要举措，对于筑牢新时代国家秘密安全防线具有重要而深远的意义。

（一）修订颁布保密法是贯彻落实党中央关于保密工作决策部署的重要举措。保密工作应党而生、伴党而行、为党而兴，始终是党和国家的一项重要工作，在我国革命、建设、改革各个历史时期，都发挥了不可替代的重要作用。党的十八大以来，党中央作出关于加强和改进保密工作的决策部署，习近平总书记就保密工作作出一系列重要指示批示，为做好保密工作指明了前进方向、提供了根本遵循。中央保密委员会加强统筹、狠抓落实，全国保密战线踔厉奋发、埋头苦干，与时俱进筑牢国家秘密安全防线，保密工作适应新形势，实现新发展。这次保密法修订，以习近平新时代中国特色社会主义思想为指导，深入贯彻党中央关于保密工作决策部署和习近平总书记重要指示批示精神，将党的十八大以来保密工作成熟有效的政策措施和实践经验上升为法律制度，为维护国家秘密安全奠定了坚实基础。

（二）修订颁布保密法是全面贯彻习近平法治思想，加强保密法治建设的重大成果。习近平总书记指出，法治是国家治理体系和治理能力的重要依托。党的十八大以来，保密法律制度体系不断健全，保密依法行政水平全面提升，运用法治思维和法治方式管理国家秘密的能力不断增强。当前，法治政府建设的全面推进对保密法治提出新的更高要求，必须在更高层次、更高水平上加强保密法治建设，健全保密法治体系。这次保密法修订，以习近平法治思想为指导，旗帜鲜明地将党管保密写入法律，完善保密管理体制机制，健全国家秘密管理制度，规范保密监督管理，明确保密违法责任，着力在法治轨道上推进保密工作高质量发展。

（三）修订颁布保密法是践行总体国家安全观，健全国家安全体系的必然要求。保密工作处于反窃密防泄密斗争的第一线，与国家安全各领域高度融合，是国家安全体系的重要组成部分，必须深入贯彻落实总体国家安全观，构建更加科学、完善的国家秘密管理体系，做到国家安全领域拓展到哪里，保密工作就覆盖到哪里。这次保密法修订坚持总体国家安全观，紧密围绕党和国家事业发展全局，统筹高质量发展和高水平安全，着力防范化解重点领域泄密风险。同时，注重与国家安全相关法律衔接协调，形成维护国家主权、安全、发展利益的法治合力，为以新安全格局保障新发展格局提供更加有力的法律武器。

二、准确把握保密法的精神实质和主要内容，提升依法管理的能力

保密法的修订，立足新时代新征程保护国家秘密安全需要，对保密管理制度进行了全面优化。贯彻实施保密法，要深刻领会立法原意，准确把握精神实质和主要内容。

（一）注重党管保密、依法管理。党的领导是中国特色社会主义最本质的特征，是社会主义法治最根本的保证。党的二十大报告提出，“坚决维护党中央权威和集中统一领导，把党的领导落实到党和国家事业各领域各方面各环节”。党管保密是保密工作长期实践和历史经验的总结，是保密工作必须坚持的政治原则。这次保密法修订把党对保密工作的领导写入法律，明确中央保密

工作领导机构职责，旨在更好发挥党管保密的政治优势和组织优势。依法管理国家秘密是依法治国在保密领域的具体体现。随着我国经济社会和网络信息技术的快速发展，保密工作的对象、内容和职责、任务都发生深刻变化，只有坚持依法管理，才能更好地统筹社会力量，平衡社会利益，规范社会行为，共同维护好国家秘密安全。这次保密法修订完善了一系列保密管理制度，严格规范保密行政许可、行政检查、案件查处等行政行为，着力提升依法行政的能力和水平。

（二）注重积极防范、突出重点。保密工作的本质特征决定了必须防患于未然，始终坚持把防范窃密泄密作为出发点和落脚点，积极主动，关口前移。这次保密法修订进一步完善了保密宣传教育制度，旨在筑牢保密思想防线；建立了风险评估、监测预警、应急处置、信息通报制度机制，有利于及时发现和消除泄密风险隐患，有效防范泄密事件的发生。突出重点是抓好保密工作的重要方法和有效路径。保密工作点多、线长、面广，必须突出重点，处理好重点与全面的关系，合理分配保密资源，确保核心秘密安全。这次保密法修订，聚焦重点区域、重点领域、涉密人员的保密管理，完善相应管理制度，有的放矢、精准施治。突出重点不是“只要重点”，保密法在加强重点保密管理的同时，注重统筹兼顾，加强全面管理，促进保密工作协调发展。

（三）注重技管并重、创新发展。近年来，随着信息化、数字化的飞速发展和广泛应用，国家秘密的存在形态、处理方式发生深刻变化，必须注重技术防护与管理措施双管齐下，构筑起集人防、物防、技防于一体的综合防范体系，确保国家秘密安全。这次保密法修订进一步完善了保密管理措施，提升了保密管理效能，同时更加注重科技在保密工作中的支撑和引领作用，新增了涉密信息系统全流程管理和风险评估相关规定，对用于保护国家秘密的安全保密产品、保密技术装备等提出明确要求。创新发展是保密工作与时俱进、更好维护国家秘密安全的内在要求。做好新时代新征程保密工作，必须主动适应保密形势任务要求，应势而动、顺势而为，加强保密理念、体制机制、方法手段和科学技术创新。这次保密法修订创新管理机制，完善管理制度，鼓励和支持保密科学技术研究和应用，强调提升自主创新能力，旨在激发保密科技创新主体活力，加快实现保密科技高水平自立自强，提升保密工作体系对抗能力。

（四）注重精准保护、保放适度。信息公开与国家秘密保护是一个问题的两个方面，是辩证统一的，都是为了维护国家和人民的利益。该公开的不公开，不该公开的公开，都会损害国家和人民的利益。正确认识和把握二者的关系，关键是要做到依法公开、依法保密、保放适度。这次保密法修订充分考虑了信息公开与保密的关系，进一步强化国家秘密的精准保护，最大限度保障信息资源合理利用。修订后的保密法明确，保密事项范围的确定应当遵循必要、合理原则，进行科学论证评估，从源头上提升定密工作的科学性和精准性；将国家秘密的定期审核修改为每年审核，督促机关、单位及时审核已确定的国家秘密，推动及时解密。此外，增加了信息公开保密审查专门条款，建立起信息公开的“安全网”，做到该保守的秘密坚决守住，该公开的信息依法公开。

三、宣传贯彻实施好保密法，为维护国家秘密安全提供坚强法治保障

法律的生命力在于实施，法律的权威也在于实施。保密战线要把学习贯彻保密法作为当前和今后一个时期的重要任务，在保密法的学习宣传、贯彻实施上下功夫，全面提升保密工作的法治化水平。

（一）广泛组织学习宣传。各级保密行政管理部门、保密工作机构及保密干部要带头学习保密法，先学一步、学深学透，不断提高依法管理国家秘密的能力和水平。同时，要组织好保密法学习、宣传和培训工作，切实增强党政领导干部和涉密人员的保密法治意识和履职能力。面向社会公众广泛开展保密普法宣传活动，在全社会营造保密工作良好氛围，引导广大人民群众牢固树立“保守国家秘密人人有责”的观念，为保密工作筑牢坚实群众基础。

（二）全面抓好法律实施。机关、单位要认真落实保密工作责任制，依法设置保密工作机构或指定专人负责保密工作，形成一级抓一级、层层抓落实的保密工作格局，确保保密法规定的各项制度落到实处。各级保密行政管理部门要模范贯彻实施保密法，全面履行法律赋予的行政管理职能，把法治原则贯穿到保密工作全过程、各方面，扎实推进严格规范公正文明执法，坚决追究保密违法责任，不断提高运用法治思维和法治方式管理国家秘密的能力和水平。

（三）抓紧完善配套制度。国家保密行政管理部门将与有关部门统筹推进保密法规制度的立改废释工作，进一步增强保密法律制

度体系的系统性、整体性、协同性，形成科学完备、布局合理的保密法律制度体系。各级保密行政管理部门和保密工作机构要以保密法修订为契机，及时制定修订配套保密制度，确保与国家保密法律法规紧密衔接。

做好新时代新征程保密工作，责任重大，使命光荣。我们要更加紧密地团结在以习近平同志为核心的党中央周围，以习近平新时代中国特色社会主义思想为指导，深刻领悟“两个确立”的决定性意义，增强“四个意识”、坚定“四个自信”、做到“两个维护”，强化使命担当，严格依法治密，认真履行保党的长期执政地位、保国家安全、保人民幸福、保民族复兴的重要使命，不断推进保密工作高质量发展，为以中国式现代化全面推进强国建设、民族复兴伟业贡献保密力量！

（作者为中央保密办主任、国家保密局局长）

国家保密局负责人就《中华人民共和国保守国家秘密法》答记者问

新华社北京2月28日电《中华人民共和国保守国家秘密法》（以下简称保密法）已由第十四届全国人民代表大会常务委员会第八次会议于2024年2月27日修订通过，国家主席习近平签署第20号中华人民共和国主席令予以公布，自2024年5月1日起施行。日前，国家保密局负责人就保密法有关问题，回答了记者提问。

记者：这是保密法第二次修订，请介绍一下保密法修订和颁布实施的背景和意义。

答：保密工作历来是党和国家的一项重要工作，在我国革命、建设、改革各个历史时期，都发挥了不可替代的重要作用。保密法是我国保密领域的基础性、综合性法律。1988年制定、2010年修订的现行保密法，有力促进了保密事业发展，对于保守国家秘密，维护国家安全和利益发挥了重要作用。进入新时代，国际国内形势发生深刻变化，科技发展日新月异，保密工作面临一些新问题新挑战。为更好地适应新形势新任务，有必要对保密法进行修改完善。

这次保密法修订以习近平新时代中国特色社会主义思想为指导，深入贯彻党中央关于保密工作的决策部署和习近平总书记重要指示批示精神，全面贯彻习近平法治思想，坚持总体国家安全观，统筹发展与安全，将党的十八大以来保密工作成熟有效的政策措施和实践经验上升为法律制度，为切实筑牢国家秘密安全防线提供了更加有力的法治保障。保密法修订，是加强保密法治建设的重大成果，是健全国家安全体系的必然要求，对于推动保密工作高质量发展，维护国家主权、安全、发展利益具有重要而深远的意义。

记者：我们注意到，这次保密法修订从法律制度上明确了进一步加强党对保密工作的领导，具体体现在哪些方面？

答：保密工作应党而生、伴党而行、为党而兴，始终是党和国家的一项重要工作。党的领导是保密工作优良传统，是保密工作必须坚持的政治原则。当前，保密工作面临的形势更加复杂严峻，风险挑战前所未有，必须坚定不移始终坚持党对保密工作的统一领导。这次保密法修订旗帜鲜明地把党管保密写入法律，完善了党管保密的领导体制，明确中央保密工作领导机构领导全国保密工作，研究制定、指导实施国家保密工作战略和重大方针政策，统筹协调国家保密重大事项和重要工作，推进国家保密法治建设，有利于更好发挥党管保密的政治优势和组织优势。

记者：保密法修订草案征求意见过程中，定密、解密条款一直备受关注，请问这次修订从哪些方面完善了定密、解密制度？

答：定密是做好保密管理的源头性工作。精准定密是维护国家秘密安全的基础，及时解密是便利信息资源合理利用的客观要求。新修订的保密法，进一步完善了定密、解密制度，增强条文的周延性和实践中的可操作性。定密制度方面，明确保密事项范围的确定应当遵循必要、合理原则，科学论证评估，并根据情况变化及时调整；完善定密责任人制度和定密授权机制，并对密点标注作出原则规定，进一步推动定密精准化、科学化。解密制度方面，将国家秘密审核由定期审核修改为每年审核，并明确了未履行解密审核责任造成严重后果的法律责任，进一步压实定密机关、单位解密审核的主体责任。

记者：新修订的保密法“科技含量”明显提升，主要出于何种考虑？

答：科技自立自强是国家强盛之基、安全之要。党的十八大以来，保密战线贯彻落实党中央决策部署，坚持创新驱动，扎实开展各项保密科技工作，为形成基本防控能力、维护党和国家秘密安全作出重要贡献。当前，新一轮科技革命正在加速演进，大数据、云计算、人工智能等新技术新应用层出不穷，对保密科技自立自强提出更高要求。因此，这次保密法修订高度重视保密科技创新和科技防护。

一是新增条款支持保密科技创新。保密法总则增加一条，明确国家对保密科学技术研究和应用的鼓励、支持，强调提升自主创新能力，依法保护保密领域的知识产权，为保密科技实现高水平自立自强提供法律支持。

二是完善保密科技防护制度措施。一方面，规定涉密信息系统规划、建设、运行、维护全流程应当符合国家保密规定和标准，并配备保密设施、设备，明确涉密信息系统定期风险评估要求，避免“带病运行”；另一方面，规定机关、单位加强对信息系统、信息设备的保密管理，建设保密自监管设施，及时发现并处置安全保密风险隐患。

三是规范用于保护国家秘密的安全保密产品和保密技术装备管理。安全保密产品是保密技术防护的基石，保密技术装备是开展保密检查、技术监管等工作的必要手段，二者是保密工作不可或缺的重要技术支撑。保密法明确，用于保护国家秘密的安全保密产品和保密技术装备应当符合国家保密规定和标准，并建立抽检、复检制度。

记者：信息化、数字化条件下国家秘密管理难度不断加大，请问保密法从哪些方面完善了网络信息、数据保密管理？

答：随着信息化、数字化的飞速发展和广泛应用，国家秘密管理难度不断加大，网络信息保密防范和管理的重要性愈发凸显。这次保密法修订进一步完善了网络信息保密管理制度。一是明确网络信息的制作、复制、发布、传播等各个环节均应当遵守国家保密规定。二是规定网络运营者应当配合有关部门对涉嫌泄露国家秘密案件进行调查处理；发现利用互联网及其他公共信息网络发布的信息涉嫌泄露国家秘密的，应当及时处置报告，并根据要求删除涉及泄露国家秘密的信息，对有关设备进行技术处理等。

在数字化时代，数据是重要生产要素，成为国家基础性战略资源，数据安全与国家主权、安全、发展利益息息相关。数据安全法对数据的收集、存储、使用、加工、传输、提供、公开和安全监管作了系统规定，并明确涉密数据管理适用保密法律、法规。这次保密法修订加强与数据安全法的协同衔接，新增涉密数据管理及汇聚、关联后涉及国家秘密数据管理的原则规定。

记者：信息公开与国家秘密保护存在紧密联系，一直受到广泛关注，请问保密法如何处理二者的关系？

答：信息公开与国家秘密保护是一个问题的两个方面，是辩证统一的，都是为了维护国家和人民的利益。该公开的不公开，不该公开的公开，都会损害国家和人民的利益。正确认识和把握二者的关系，关键是要做到依法保密、依法公开、保放适度。这次保密法修订充分考虑了信息公开与保密的关系，进一步强化国家秘密的精准保护，最大限度保障信息资源合理利用。比如，规定保密事项范围制定应当遵循必要、合理原则，要求每年开展国家秘密审核等，进一步推进精准定密、及时解密。同时，增加了信息公开保密审查专门条款，建立起信息公开的“安全网”，做到该保守的秘密坚决守住，该公开的信息依法公开。

记者：能否介绍一下保密法颁布施行后有关学习贯彻工作的考虑？

答：保密法的修订完善为做好新时代新征程保密工作提供了强有力的法治保障，我们将从以下3个方面抓好保密法的贯彻落实。

一是广泛组织学习宣传。各级保密行政管理部门、保密工作机构及保密干部要带头学习保密法，不断提高依法管理国家秘密的能力和水平。同时，要组织好保密法学习、宣传和培训工作，切实增强党政领导干部和涉密人员的保密法治意识和履职能力。面向社会公众广泛开展保密普法宣传活动，在全社会营造保密工作良好氛围，引导广大人民群众牢固树立“保守国家秘密人人有责”的观念，为保密工作筑牢坚实群众基础。

二是全面抓好法律实施。机关、单位要落实好保密工作责任制，结合本机关、本单位工作实际，推动各项保密法律制度落到实处、取得实效。各级保密行政管理部门要模范贯彻实施保密法，全面履行法律赋予的行政管理职能，把法治原则贯穿到保密工作各领域各方面各环节，不断提高运用法治思维和法治方式管理国家秘密的能力和水平。

三是抓紧完善配套制度。国家保密行政管理部门将与有关部门统筹推进保密法规制度的立改废释工作，进一步增强保密法律制度体系的系统性、整体性、协同性，形成科学完备、布局合理的保密法律制度体系。

中共中央宣传部　国家保密局　司法部　全国普法办
关于学习宣传贯彻
《中华人民共和国保守国家秘密法》的通知

（保发〔2024〕2号）

各省、自治区、直辖市党委宣传部、保密局、司法厅（局）、普法办公室，新疆生产建设兵团党委宣传部、保密局、司法局、普法办公室，中央和国家机关各部委宣传部门、保密委员会办公室、普法办公室，各人民团体宣传部门、保密委员会办公室、普法办公室，中央军委保密委员会办公室：

《中华人民共和国保守国家秘密法》（以下简称保密法）已由十四届全国人大常委会第八次会议于2024年2月27日修订通过，国家主席习近平签署第20号主席令予以公布，自2024年5月1日起施行。为切实做好保密法学习宣传和贯彻实施工作，现就有关事项通知如下。

一、充分认识修订保密法的重要意义

保密法自1988年9月颁布、2010年4月修订以来，有力促进了保密事业发展，对于保守国家秘密，维护国家安全和利益发挥了重要作用。进入新时代，国际国内形势发生深刻变化，科技发展日新月异，保密工作面临一些新问题新挑战。保密法的修订，以习近平新时代中国特色社会主义思想为指导，深入贯彻党中央关于保密工作的决策部署和习近平总书记重要指示批示精神，全面贯彻习近平法治思想，坚持总体国家安全观，统筹发展与安全，将党的十八大以来保密工作成熟有效的政策措施和实践经验上升为法律制度，对于推动保密工作高质量发展，维护国家主权、安全、发展利益具有重要而深远的意义。各地区各部门要充分认识保密法修订的重要意义，增强学习贯彻保密法的自觉性，以更加强烈的责任感做好新时代保密工作。

二、深入开展保密法学习宣传活动

这次保密法修订旗帜鲜明地把党管保密写入法律，对保密工作基本原则、体制机制、定密解密、保密制度、监督管理、法律责任等方面内容进行了完善细化。各地区各部门要紧密结合本地区本部门工作实际，组织开展学习宣传活动，系统学习新修订的保密法，及时全面了解其精神实质和主要内容，切实增强针对性和实效性。

各级领导干部要带头学习保密法，做尊法、学法、守法、用法的模范，充分发挥示范作用。要把保密法学习宣传纳入各级党委（党组）理论学习中心组学习内容，纳入各级党校（行政学院）教学内容和领导干部任职培训、在职培训课程，不断提高各级领导干部依法履行保密工作领导责任的能力。机关、单位要通过多种形式，认真组织涉密人员学习保密法及相关制度规定，切实增强保密法律意识，系统掌握保密知识常识，严格遵守各项保密制度。各级保密行政管理部门、保密工作机构及保密干部要先学一步，学深学透，牢固树立依法治密的理念，持续增强依法治密本领。要面向社会公众广泛开展保密普法宣传活动，引导社会公众牢固树立保守国家秘密的意识，自觉履行保守国家秘密的义务，在全社会营造保密工作良好氛围。

三、扎实做好保密法贯彻实施

各地区各部门要以保密法修订为契机，及时制定修订本地区本部门的保密法规制度，确保与保密法律制度紧密衔接。机关、单位要落实好保密工作责任制，依法设置保密工作机构或指定专人负责保密工作，并结合本机关、本单位工作实际，健全保密管理制度，完善保密防护措施，常态化开展保密宣传教育，推动各项保密法律制度落到实处、取得实效。各级保密行政管理部门要履行好保密法赋予的法定职责，严格按照法定职权和法定程序开展工作，把法治原则贯穿到保密工作各领域各方面各环节，扎实推进严格规范公正文明执法，坚决追究保密违法责任，不断提高运用法治思维和法治方式管理国家秘密的能力和水平。

四、切实加强保密法学习宣传贯彻的组织领导

各地区各部门要将学习宣传贯彻保密法作为当前和今后一个时期的重要任务，加强组织领导和统筹协调，提供支持保障。要紧密结合本地区本部门工作实际，认真谋划、周密部署，精心组织、扎

实推进，确保学习到位、宣传到位、贯彻到位。各省（自治区、直辖市）党委宣传部门、保密行政管理部门、司法厅（局）、普法办公室要加强沟通协调，统筹宣传教育资源，形成工作合力，共同宣传贯彻好保密法。各地区各部门在保密法学习宣传贯彻工作中的重要事项，及时报送国家保密局。

军队的保密法学习宣传贯彻工作，由中央军委保密委员会办公室组织实施。

附件：《中华人民共和国保守国家秘密法》学习宣传提纲（略）

中共中央宣传部　国家保密局

司法部　全国普法办公室

2024年3月18日

《中华人民共和国保守国家秘密法》新旧条文对照表

（对删除内容，铺“灰底”体现；对新增或修改内容，以“**加粗**”格式体现）

《中华人民共和国保守国家秘密法》（2010 年）	《中华人民共和国保守国家秘密法》（2024 年）
第一章　总　　则	**第一章　总　　则**
第一条　为了保守国家秘密，维护国家安全和利益，保障改革开放和社会主义建设事业的顺利进行，制定本法。	**第一条**　为了保守国家秘密，维护国家安全和利益，保障改革开放和社会主义**现代化**建设事业的顺利进行，**根据宪法**，制定本法。
第二条　国家秘密是关系国家安全和利益，依照法定程序确定，在一定时间内只限一定范围的人员知悉的事项。	**第二条**　国家秘密是关系国家安全和利益，依照法定程序确定，在一定时间内只限一定范围的人员知悉的事项。
	第三条　坚持中国共产党对保守国家秘密（以下简称保密）工作的领导。中央保密工作领导机构领导全国保密工作，研究制定、指导实施国家保密工作战略和重大方针政策，统筹协调国家保密重大事项和重要工作，推进国家保密法治建设。
第四条　保守国家秘密的工作（以下简称保密工作），实行积极防范、突出重点、依法管理的方针，既确保国家秘密安全，又便利信息资源合理利用。 法律、行政法规规定公开的事项，应当依法公开。	**第四条**　保密工作**坚持总体国家安全观，遵循党管保密**、依法管理，积极防范、突出重点，**技管并重、创新发展的原则**，既确保国家秘密安全，又便利信息资源合理利用。 法律、行政法规规定公开的事项，应当依法公开。
第三条　国家秘密受法律保护。 一切国家机关、武装力量、政党、社会团体、企业事业单位和公民都有保守国家秘密的义务。 任何危害国家秘密安全的行为，都必须受到法律追究。	**第五条**　国家秘密受法律保护。 一切国家机关**和**武装力量、**各**政党**和各人民**团体、企业事业**组织和其他社会组织以及**公民都有保密的义务。 任何危害国家秘密安全的行为，都必须受到法律追究。

（续表）

《中华人民共和国保守国家秘密法》（2010 年）	《中华人民共和国保守国家秘密法》（2024 年）
第五条 国家保密行政管理部门主管全国的保密工作。县级以上地方各级保密行政管理部门主管本行政区域的保密工作。	**第六条** 国家保密行政管理部门主管全国的保密工作。县级以上地方各级保密行政管理部门主管本行政区域的保密工作。
第六条 国家机关和涉及国家秘密的单位（以下简称机关、单位）管理本机关和本单位的保密工作。 中央国家机关在其职权范围内，管理或者指导本系统的保密工作。	**第七条** 国家机关和涉及国家秘密的单位（以下简称机关、单位）管理本机关和本单位的保密工作。 中央国家机关在其职权范围内管理或者指导本系统的保密工作。
第七条 机关、单位应当实行保密工作责任制，健全保密管理制度，完善保密防护措施，开展保密宣传教育，加强保密检查。	**第八条** 机关、单位应当实行保密工作责任制，**依法设置保密工作机构或者指定专人负责保密工作**，健全保密管理制度，完善保密防护措施，开展保密宣传教育，加强保密**监督**检查。
	第九条 国家采取多种形式加强保密宣传教育，将保密教育纳入国民教育体系和公务员教育培训体系，鼓励大众传播媒介面向社会进行保密宣传教育，普及保密知识，宣传保密法治，增强全社会的保密意识。
	第十条 国家鼓励和支持保密科学技术研究和应用，提升自主创新能力，依法保护保密领域的知识产权。
	第十一条 县级以上人民政府应当将保密工作纳入本级国民经济和社会发展规划，所需经费列入本级预算。 **机关、单位开展保密工作所需经费应当列入本机关、本单位年度预算或者年度收支计划。**
第八条 国家对在保守、保护国家秘密以及改进保密技术、措施等方面成绩显著的单位或者个人给予奖励。	**第十二条 国家加强保密人才培养和队伍建设，完善相关激励保障机制。** 对在保守、保护国家秘密**工作中做出突出贡献的组织和**个人，**按照国家有关规定**给予**表彰和**奖励。

（续表）

《中华人民共和国保守国家秘密法》（2010年）	《中华人民共和国保守国家秘密法》（2024年）
第二章　国家秘密的范围和密级	**第二章　国家秘密的范围和密级**
第九条　下列涉及国家安全和利益的事项，泄露后可能损害国家在政治、经济、国防、外交等领域的安全和利益的，应当确定为国家秘密： （一）国家事务重大决策中的秘密事项； （二）国防建设和武装力量活动中的秘密事项； （三）外交和外事活动中的秘密事项以及对外承担保密义务的秘密事项； （四）国民经济和社会发展中的秘密事项； （五）科学技术中的秘密事项； （六）维护国家安全活动和追查刑事犯罪中的秘密事项； （七）经国家保密行政管理部门确定的其他秘密事项。 政党的秘密事项中符合前款规定的，属于国家秘密。	**第十三条**　下列涉及国家安全和利益的事项，泄露后可能损害国家在政治、经济、国防、外交等领域的安全和利益的，应当确定为国家秘密： （一）国家事务重大决策中的秘密事项； （二）国防建设和武装力量活动中的秘密事项； （三）外交和外事活动中的秘密事项以及对外承担保密义务的秘密事项； （四）国民经济和社会发展中的秘密事项； （五）科学技术中的秘密事项； （六）维护国家安全活动和追查刑事犯罪中的秘密事项； （七）经国家保密行政管理部门确定的其他秘密事项。 政党的秘密事项中符合前款规定的，属于国家秘密。
第十条　国家秘密的密级分为绝密、机密、秘密三级。 绝密级国家秘密是最重要的国家秘密，泄露会使国家安全和利益遭受特别严重的损害；机密级国家秘密是重要的国家秘密，泄露会使国家安全和利益遭受严重的损害；秘密级国家秘密是一般的国家秘密，泄露会使国家安全和利益遭受损害。	**第十四条**　国家秘密的密级分为绝密、机密、秘密三级。 绝密级国家秘密是最重要的国家秘密，泄露会使国家安全和利益遭受特别严重的损害；机密级国家秘密是重要的国家秘密，泄露会使国家安全和利益遭受严重的损害；秘密级国家秘密是一般的国家秘密，泄露会使国家安全和利益遭受损害。
第十一条　国家秘密及其密级的具体范围，由国家保密行政管理部门分别会同外交、公安、国家安全和其他中央有关机关规定。 军事方面的国家秘密及其密级的具体范围，由中央军事委员会规定。 国家秘密及其密级的具体范围的规定，应当在有关范围内公布，并根据情况变化及时调整。	**第十五条**　国家秘密及其密级的具体范围（**以下简称保密事项范围**），由国家保密行政管理部门**单独或者**会同**有关**中央**国家**机关规定。 军事方面的**保密事项**范围，由中央军事委员会规定。 **保密事项范围的确定应当遵循必要、合理原则，科学论证评估，**并根据情况变化及时调整。**保密事项范围的规定**应当在有关范围内公布。

（续表）

《中华人民共和国保守国家秘密法》（2010 年）	《中华人民共和国保守国家秘密法》（2024 年）
第十二条 机关、单位负责人及其指定的人员为定密责任人，负责本机关、本单位的国家秘密确定、变更和解除工作。 机关、单位确定、变更和解除本机关、本单位的国家秘密，应当由承办人提出具体意见，经定密责任人审核批准。	**第十六条** 机关、单位**主要**负责人及其指定的人员为定密责任人，负责本机关、本单位的国家秘密确定、变更和解除工作。 机关、单位确定、变更和解除本机关、本单位的国家秘密，应当由承办人提出具体意见，经定密责任人审核批准。
第十三条第一款、第二款 确定国家秘密的密级，应当遵守定密权限。 中央国家机关、省级机关及其授权的机关、单位可以确定绝密级、机密级和秘密级国家秘密；设区的市、自治州一级的机关及其授权的机关、单位可以确定机密级和秘密级国家秘密。具体的定密权限、授权范围由国家保密行政管理部门规定。 **第十三条第三款、第四款** ……下级机关、单位认为本机关、本单位产生的有关定密事项属于上级机关、单位的定密权限，应当先行采取保密措施，并立即报请上级机关、单位确定；没有上级机关、单位的，应当立即提请有相应定密权限的业务主管部门或者保密行政管理部门确定。 公安、国家安全机关在其工作范围内按照规定的权限确定国家秘密的密级。	**第十七条** 确定国家秘密的密级，应当遵守定密权限。 中央国家机关、省级机关及其授权的机关、单位可以确定绝密级、机密级和秘密级国家秘密；设区的市级机关及其授权的机关、单位可以确定机密级和秘密级国家秘密；**特殊情况下无法按照上述规定授权定密的，国家保密行政管理部门或者省、自治区、直辖市保密行政管理部门可以授予机关、单位定密权限**。具体的定密权限、授权范围由国家保密行政管理部门规定。 下级机关、单位认为本机关、本单位产生的有关定密事项属于上级机关、单位的定密权限，应当先行采取保密措施，并立即报请上级机关、单位确定；没有上级机关、单位的，应当立即提请有相应定密权限的业务主管部门或者保密行政管理部门确定。 公安**机关**、国家安全机关在其工作范围内按照规定的权限确定国家秘密的密级。
第十三条第三款 机关、单位执行上级确定的国家秘密事项，需要定密的，根据所执行的国家秘密事项的密级确定……	**第十八条** 机关、单位执行上级确定的国家秘密事项**或者办理其他机关、单位确定的国家秘密事项**，需要**派生**定密的，**应当**根据所执行、**办理**的国家秘密事项的密级确定。
第十四条 机关、单位对所产生的国家秘密事项，应当按照国家秘密及其密级的具体范围的规定确定密级，同时确定保密期限和知悉范围。	**第十九条** 机关、单位对所产生的国家秘密事项，应当按照**保密事项范围**的规定确定密级，同时确定保密期限和知悉范围；**有条件的可以标注密点**。

（续表）

《中华人民共和国保守国家秘密法》（2010 年）	《中华人民共和国保守国家秘密法》（2024 年）
第十五条 国家秘密的保密期限，应当根据事项的性质和特点，按照维护国家安全和利益的需要，限定在必要的期限内；不能确定期限的，应当确定解密的条件。 国家秘密的保密期限，除另有规定外，绝密级不超过三十年，机密级不超过二十年，秘密级不超过十年。 机关、单位应当根据工作需要，确定具体的保密期限、解密时间或者解密条件。 机关、单位对在决定和处理有关事项工作过程中确定需要保密的事项，根据工作需要决定公开的，正式公布时即视为解密。	**第二十条** 国家秘密的保密期限，应当根据事项的性质和特点，按照维护国家安全和利益的需要，限定在必要的期限内；不能确定期限的，应当确定解密的条件。 国家秘密的保密期限，除另有规定外，绝密级不超过三十年，机密级不超过二十年，秘密级不超过十年。 机关、单位应当根据工作需要，确定具体的保密期限、解密时间或者解密条件。 机关、单位对在决定和处理有关事项工作过程中确定需要保密的事项，根据工作需要决定公开的，正式公布时即视为解密。
第十六条 国家秘密的知悉范围，应当根据工作需要限定在最小范围。 国家秘密的知悉范围能够限定到具体人员的，限定到具体人员；不能限定到具体人员的，限定到机关、单位，由机关、单位限定到具体人员。 国家秘密的知悉范围以外的人员，因工作需要知悉国家秘密的，应当经过机关、单位负责人批准。	**第二十一条** 国家秘密的知悉范围，应当根据工作需要限定在最小范围。 国家秘密的知悉范围能够限定到具体人员的，限定到具体人员；不能限定到具体人员的，限定到机关、单位，由**该**机关、单位限定到具体人员。 国家秘密的知悉范围以外的人员，因工作需要知悉国家秘密的，应当经过机关、单位**主要**负责人**或者其指定的人员**批准。**原定密机关、单位对扩大国家秘密的知悉范围有明确规定的，应当遵守其规定。**
第十七条 机关、单位对承载国家秘密的纸介质、光介质、电磁介质等载体（以下简称国家秘密载体）以及属于国家秘密的设备、产品，应当做出国家秘密标志。 不属于国家秘密的，不应当做出国家秘密标志。	**第二十二条** 机关、单位对承载国家秘密的纸介质、光介质、电磁介质等载体（以下简称国家秘密载体）以及属于国家秘密的设备、产品，应当**作**出国家秘密标志。 **涉及国家秘密的电子文件应当按照国家有关规定作出国家秘密标志。** 不属于国家秘密的，不**得作**出国家秘密标志。

（续表）

《中华人民共和国保守国家秘密法》（2010 年）	《中华人民共和国保守国家秘密法》（2024 年）
第十八条 国家秘密的密级、保密期限和知悉范围，应当根据情况变化及时变更。国家秘密的密级、保密期限和知悉范围的变更，由原定密机关、单位决定，也可以由其上级机关决定。 国家秘密的密级、保密期限和知悉范围变更的，应当及时书面通知知悉范围内的机关、单位或者人员。	**第二十三条** 国家秘密的密级、保密期限和知悉范围，应当根据情况变化及时变更。国家秘密的密级、保密期限和知悉范围的变更，由原定密机关、单位决定，也可以由其上级机关决定。 国家秘密的密级、保密期限和知悉范围变更的，应当及时书面通知知悉范围内的机关、单位或者人员。
第十九条 国家秘密的保密期限已满的，自行解密。 机关、单位应当定期审核所确定的国家秘密。对在保密期限内因保密事项范围调整不再作为国家秘密事项，或者公开后不会损害国家安全和利益，不需要继续保密的，应当及时解密；对需要延长保密期限的，应当在原保密期限届满前重新确定保密期限。提前解密或者延长保密期限的，由原定密机关、单位决定，也可以由其上级机关决定。	**第二十四条** 机关、单位应当**每年**审核所确定的国家秘密。 国家秘密的保密期限已满的，自行解密。在保密期限内因保密事项范围调整不再作为国家秘密，或者公开后不会损害国家安全和利益，不需要继续保密的，应当及时解密；需要延长保密期限的，应当在原保密期限届满前重新确定**密级**、保密期限**和知悉范围**。提前解密或者延长保密期限的，由原定密机关、单位决定，也可以由其上级机关决定。
第二十条 机关、单位对是否属于国家秘密或者属于何种密级不明确或者有争议的，由国家保密行政管理部门或者省、自治区、直辖市保密行政管理部门确定。	**第二十五条** 机关、单位对是否属于国家秘密或者属于何种密级不明确或者有争议的，由国家保密行政管理部门或者省、自治区、直辖市保密行政管理部门**按照国家保密规定**确定。
第三章 保密制度	**第三章 保密制度**
第二十一条 国家秘密载体的制作、收发、传递、使用、复制、保存、维修和销毁，应当符合国家保密规定。 绝密级国家秘密载体应当在符合国家保密标准的设施、设备中保存，并指定专人管理；未经原定密机关、单位或者其上级机关批准，不得复制和摘抄；收发、传递和外出携带，应当指定人员负责，并采取必要的安全措施。	**第二十六条** 国家秘密载体的制作、收发、传递、使用、复制、保存、维修和销毁，应当符合国家保密规定。 绝密级国家秘密载体应当在符合国家保密标准的设施、设备中保存，并指定专人管理；未经原定密机关、单位或者其上级机关批准，不得复制和摘抄；收发、传递和外出携带，应当指定人员负责，并采取必要的安全措施。
第二十二条 属于国家秘密的设备、产品的研制、生产、运输、使用、保存、维修和销毁，应当符合国家保密规定。	**第二十七条** 属于国家秘密的设备、产品的研制、生产、运输、使用、保存、维修和销毁，应当符合国家保密规定。

（续表）

《中华人民共和国保守国家秘密法》（2010 年）	《中华人民共和国保守国家秘密法》（2024 年）
第二十五条 机关、单位应当加强对国家秘密载体的管理，任何组织和个人不得有下列行为： （一）非法获取、持有国家秘密载体； （二）买卖、转送或者私自销毁国家秘密载体； （三）通过普通邮政、快递等无保密措施的渠道传递国家秘密载体； （四）邮寄、托运国家秘密载体出境； （五）未经有关主管部门批准，携带、传递国家秘密载体出境。	**第二十八条** 机关、单位应当加强对国家秘密载体的管理，任何组织和个人不得有下列行为： （一）非法获取、持有国家秘密载体； （二）买卖、转送或者私自销毁国家秘密载体； （三）通过普通邮政、快递等无保密措施的渠道传递国家秘密载体； （四）寄递、托运国家秘密载体出境； （五）未经有关主管部门批准，携带、传递国家秘密载体出境； **（六）其他违反国家秘密载体保密规定的行为。**
第二十六条 禁止非法复制、记录、存储国家秘密。 禁止在互联网及其他公共信息网络或者未采取保密措施的有线和无线通信中传递国家秘密。 禁止在私人交往和通信中涉及国家秘密。	**第二十九条** 禁止非法复制、记录、存储国家秘密。 禁止**未按照国家保密规定和标准采取有效保密措施**，在互联网及其他公共信息网络或者有线和无线通信中传递国家秘密。 禁止在私人交往和通信中涉及国家秘密。
第二十二条 存储、处理国家秘密的计算机信息系统（以下简称涉密信息系统）按照涉密程度实行分级保护。 涉密信息系统应当按照国家保密标准配备保密设施、设备。保密设施、设备应当与涉密信息系统同步规划，同步建设，同步运行。 涉密信息系统应当按照规定，经检查合格后，方可投入使用。	**第三十条** 存储、处理国家秘密的计算机信息系统（以下简称涉密信息系统）按照涉密程度实行分级保护。 涉密信息系统应当按照国家保密**规定和**标准**规划、建设、运行、维护，并**配备保密设施、设备。保密设施、设备应当与涉密信息系统同步规划、同步建设、同步运行。 涉密信息系统应当按照规定，经检查合格后，方可投入使用，**并定期开展风险评估。**
第二十四条 机关、单位应当加强对涉密信息系统的管理，任何组织和个人不得有下列行为： （一）将涉密计算机、涉密存储设备接入互联网及其他公共信息网络； （二）在未采取防护措施的情况下，在涉密信息系统与互联网及其他公共信息网络之间进行信息交换；	**第三十一条** 机关、单位应当加强对信息系统、**信息设备**的**保密**管理，**建设保密自监管设施，及时发现并处置安全保密风险隐患。**任何组织和个人不得有下列行为： （一）**未按照国家保密规定和标准采取有效保密措施**，将涉密**信息系统**、涉密**信息设备**接入互联网及其他公共信息网络；

（续表）

《中华人民共和国保守国家秘密法》（2010 年）	《中华人民共和国保守国家秘密法》（2024 年）
（三）使用非涉密计算机、非涉密存储设备存储、处理国家秘密信息； （四）擅自卸载、修改涉密信息系统的安全技术程序、管理程序； （五）将未经安全技术处理的退出使用的涉密计算机、涉密存储设备赠送、出售、丢弃或者改作其他用途。	（二）未**按照国家保密规定和标准**采取**有效保密**措施，在涉密信息系统、**涉密信息设备**与互联网及其他公共信息网络之间进行信息交换； （三）使用非涉密**信息系统**、非涉密**信息**设备存储**或者**处理国家秘密； （四）擅自卸载、修改涉密信息系统的安全技术程序、管理程序； （五）将未经安全技术处理的退出使用的涉密**信息**设备赠送、出售、丢弃或者改作其他用途； **（六）其他违反信息系统、信息设备保密规定的行为。**
	第三十二条　用于保护国家秘密的安全保密产品和保密技术装备应当符合国家保密规定和标准。 **国家建立安全保密产品和保密技术装备抽检、复检制度，由国家保密行政管理部门设立或者授权的机构进行检测。**
第二十七条　报刊、图书、音像制品、电子出版物的编辑、出版、印制、发行，广播节目、电视节目、电影的制作和播放，互联网、移动通信网等公共信息网络及其他传媒的信息编辑、发布，应当遵守有关保密规定。	**第三十三条**　报刊、图书、音像制品、电子出版物的编辑、出版、印制、发行，广播节目、电视节目、电影的制作和播放，**网络信息的制作、复制、发布、传播，**应当遵守**国家**保密规定。
第二十八条　互联网及其他公共信息网络运营商、服务商应当配合公安机关、国家安全机关、检察机关对泄密案件进行调查；发现利用互联网及其他公共信息网络发布的信息涉及泄露国家秘密的，应当立即停止传输，保存有关记录，向公安机关、国家安全机关或者保密行政管理部门报告；应当根据公安机关、国家安全机关或者保密行政管理部门的要求，删除涉及泄露国家秘密的信息。	**第三十四条**　网络运营**者**应当**加强对其用户发布的信息的管理**，配合**监察机关、保密行政管理部门**、公安机关、国家安全机关对**涉嫌泄露国家秘密**案件进行调查**处理**；发现利用互联网及其他公共信息网络发布的信息涉**嫌**泄露国家秘密的，应当立即停止传输**该信息**，保存有关记录，向**保密行政管理部门或者**公安机关、国家安全机关报告；应当根据**保密行政管理部门或者**公安机关、国家安全机关的要求，删除涉及泄露国家秘密的信息，**并对有关设备进行技术处理。**

（续表）

《中华人民共和国保守国家秘密法》（2010年）	《中华人民共和国保守国家秘密法》（2024年）
第二十九条　机关、单位公开发布信息以及对涉及国家秘密的工程、货物、服务进行采购时，应当遵守保密规定。	**第三十五条**　机关、单位**应当依法对拟公开的信息进行保密审查**，遵守国家保密规定。
	第三十六条　开展涉及国家秘密的数据处理活动及其安全监管应当符合国家保密规定。 **国家保密行政管理部门和省、自治区、直辖市保密行政管理部门会同有关主管部门建立安全保密防控机制，采取安全保密防控措施，防范数据汇聚、关联引发的泄密风险。** **机关、单位应当对汇聚、关联后属于国家秘密事项的数据依法加强安全管理。**
第三十条　机关、单位对外交往与合作中需要提供国家秘密事项，或者任用、聘用的境外人员因工作需要知悉国家秘密的，应当报国务院有关主管部门或者省、自治区、直辖市人民政府有关主管部门批准，并与对方签订保密协议。	**第三十七条**　机关、单位**向境外或者向境外在中国境内设立的组织、机构**提供国家秘密，任用、聘用的境外人员因工作需要知悉国家秘密的，**按照国家有关规定办理。**
第三十一条　举办会议或者其他活动涉及国家秘密的，主办单位应当采取保密措施，并对参加人员进行保密教育，提出具体保密要求。	**第三十八条**　举办会议或者其他活动涉及国家秘密的，主办单位应当采取保密措施，并对参加人员进行保密教育，提出具体保密要求。
第三十二条　机关、单位应当将涉及绝密级或者较多机密级、秘密级国家秘密的机构确定为保密要害部门，将集中制作、存放、保管国家秘密载体的专门场所确定为保密要害部位，按照国家保密规定和标准配备、使用必要的技术防护设施、设备。	**第三十九条**　机关、单位应当将涉及绝密级或者较多机密级、秘密级国家秘密的机构确定为保密要害部门，将集中制作、存放、保管国家秘密载体的专门场所确定为保密要害部位，按照国家保密规定和标准配备、使用必要的技术防护设施、设备。
第三十三条　军事禁区和属于国家秘密不对外开放的其他场所、部位，应当采取保密措施，未经有关部门批准，不得擅自决定对外开放或者扩大开放范围。	**第四十条**　军事禁区、**军事管理区**和属于国家秘密不对外开放的其他场所、部位，应当采取保密措施，未经有关部门批准，不得擅自决定对外开放或者扩大开放范围。 **涉密军事设施及其他重要涉密单位周边区域应当按照国家保密规定加强保密管理。**

（续表）

《中华人民共和国保守国家秘密法》（2010 年）	《中华人民共和国保守国家秘密法》（2024 年）
第三十四条第一款 从事国家秘密载体制作、复制、维修、销毁，涉密信息系统集成，或者武器装备科研生产等涉及国家秘密业务的企业事业单位，应当经过保密审查，具体办法由国务院规定。	**第四十一条　从事涉及国家秘密业务的企业事业单位，应当具备相应的保密管理能力，遵守国家保密规定。** 从事国家秘密载体制作、复制、维修、销毁，涉密信息系统集成，武器装备科研生产，**或者涉密军事设施建设**等涉及国家秘密业务的企业事业单位，应当经过审查**批准，取得保密资质。**
第二十九条 机关、单位公开发布信息以及对涉及国家秘密的工程、货物、服务进行采购时，应当遵守保密规定。 **第三十四条第二款** 机关、单位委托企业事业单位从事前款规定的业务，应当与其签订保密协议，提出保密要求，采取保密措施。	**第四十二条　采购涉及国家秘密的货物、服务的**机关、单位，**直接涉及国家秘密的工程建设、设计、施工、监理等单位，**应当遵守**国家**保密规定。 机关、单位委托企业事业单位从事**涉及国家秘密**的业务，应当与其签订保密协议，提出保密要求，采取保密措施。
第三十五条 在涉密岗位工作的人员（以下简称涉密人员），按照涉密程度分为核心涉密人员、重要涉密人员和一般涉密人员，实行分类管理。 任用、聘用涉密人员应当按照有关规定进行审查。 涉密人员应当具有良好的政治素质和品行，具有胜任涉密岗位所要求的工作能力。 涉密人员的合法权益受法律保护。 **第三十六条** 涉密人员上岗应当经过保密教育培训，掌握保密知识技能，签订保密承诺书，严格遵守保密规章制度，不得以任何方式泄露国家秘密。	**第四十三条** 在涉密岗位工作的人员（以下简称涉密人员），按照涉密程度分为核心涉密人员、重要涉密人员和一般涉密人员，实行分类管理。 任用、聘用涉密人员应当按照**国家**有关规定进行审查。 涉密人员应当具有良好的政治素质和品行，经过保密教育培训，具**备**胜任涉密岗位的工作能力**和**保密知识技能，签订保密承诺书，严格遵守**国家**保密**规定，承担保密责任。** 涉密人员的合法权益受法律保护。**对因保密原因合法权益受到影响和限制的涉密人员，按照国家有关规定给予相应待遇或者补偿。**
第三十九条 机关、单位应当建立健全涉密人员管理制度，明确涉密人员的权利、岗位责任和要求，对涉密人员履行职责情况开展经常性的监督检查。	**第四十四条** 机关、单位应当建立健全涉密人员管理制度，明确涉密人员的权利、岗位责任和要求，对涉密人员履行职责情况开展经常性的监督检查。
第三十七条 涉密人员出境应当经有关部门批准，有关机关认为涉密人员出境将对国家安全造成危害或者对国家利益造成重大损失的，不得批准出境。	**第四十五条** 涉密人员出境应当经有关部门批准，有关机关认为涉密人员出境将对国家安全造成危害或者对国家利益造成重大损失的，不得批准出境。

（续表）

《中华人民共和国保守国家秘密法》（2010 年）	《中华人民共和国保守国家秘密法》（2024 年）
第三十八条　涉密人员离岗离职实行脱密期管理。涉密人员在脱密期内，应当按照规定履行保密义务，不得违反规定就业，不得以任何方式泄露国家秘密。	**第四十六条**　涉密人员离岗离职**应当遵守国家保密规定。机关、单位应当开展保密教育提醒，清退国家秘密载体**，实行脱密期管理。涉密人员在脱密期内，不得违反规定就业**和出境**，不得以任何方式泄露国家秘密；**脱密期结束后，应当遵守国家保密规定，对知悉的国家秘密继续履行保密义务。涉密人员严重违反离岗离职及脱密期国家保密规定的，机关、单位应当及时报告同级保密行政管理部门，由保密行政管理部门会同有关部门依法采取处置措施。**
第四十条　国家工作人员或者其他公民发现国家秘密已经泄露或者可能泄露时，应当立即采取补救措施并及时报告有关机关、单位。机关、单位接到报告后，应当立即作出处理，并及时向保密行政管理部门报告。	**第四十七条**　国家工作人员或者其他公民发现国家秘密已经泄露或者可能泄露时，应当立即采取补救措施并及时报告有关机关、单位。机关、单位接到报告后，应当立即作出处理，并及时向保密行政管理部门报告。
第四章　监督管理	第四章　监督管理
第四十一条　国家保密行政管理部门依照法律、行政法规的规定，制定保密规章和国家保密标准。	**第四十八条**　国家保密行政管理部门依照法律、行政法规的规定，制定保密规章和国家保密标准。
第四十二条　保密行政管理部门依法组织开展保密宣传教育、保密检查、保密技术防护和泄密案件查处工作，对机关、单位的保密工作进行指导和监督。	**第四十九条**　保密行政管理部门依法组织开展保密宣传教育、保密检查、保密技术防护、**保密违法**案件**调**查**处理**工作，对保密工作进行指导和监督**管理**。
第四十三条　保密行政管理部门发现国家秘密确定、变更或者解除不当的，应当及时通知有关机关、单位予以纠正。	**第五十条**　保密行政管理部门发现国家秘密确定、变更或者解除不当的，应当及时通知有关机关、单位予以纠正。
第四十四条　保密行政管理部门对机关、单位遵守保密制度的情况进行检查，有关机关、单位应当配合。保密行政管理部门发现机关、单位存在泄密隐患的，应当要求其采取措施，限期整改；对存在泄密隐患的设施、设备、场所，应当责令停止使用；对严重违反保密规定的涉密人员，应当建议有关机关、单位给予处分并调离涉密岗位；发现涉嫌泄露国家秘密的，应当督促、指导有关机关、单位进行调查处理。涉嫌犯罪的，移送司法机关处理。	**第五十一条**　保密行政管理部门**依法**对机关、单位遵守保密**法律法规和相关**制度的情况进行检查；涉嫌**保密违法**的，应当**及时调查处理或者组织**、督促有关机关、单位调查处理；涉嫌犯罪的，**应当依法**移送**监察机关**、司法机关处理。 对严重违反**国家**保密规定的涉密人员，**保密行政管理部门**应当建议有关机关、单位**将其**调离涉密岗位。 有关机关、单位**和个人**应当配合保密行政管理部门**依法履行职责**。

（续表）

《中华人民共和国保守国家秘密法》（2010 年）	《中华人民共和国保守国家秘密法》（2024 年）
第四十五条 保密行政管理部门对保密检查中发现的非法获取、持有的国家秘密载体，应当予以收缴。 **第四十四条** 保密行政管理部门对机关、单位遵守保密制度的情况进行检查，有关机关、单位应当配合。保密行政管理部门发现机关、单位存在泄密隐患的，应当要求其采取措施，限期整改；对存在泄密隐患的设施、设备、场所，应当责令停止使用；对严重违反保密规定的涉密人员，应当建议有关机关、单位给予处分并调离涉密岗位；发现涉嫌泄露国家秘密的，应当督促、指导有关机关、单位进行调查处理。涉嫌犯罪的，移送司法机关处理。	**第五十二条 保密行政管理部门在保密检查和案件调查处理中，可以依法查阅有关材料、询问人员、记录情况，先行登记保存有关设施、设备、文件资料等；必要时，可以进行保密技术检测。** 保密行政管理部门对保密检查**和案件调查处理**中发现的非法获取、持有的国家秘密载体，应当予以收缴；发现存在泄**露国家秘**密隐患的，应当要求采取措施，限期整改；对存在泄**露国家秘**密隐患的设施、设备、场所，应当责令停止使用。
第四十六条 办理涉嫌泄露国家秘密案件的机关，需要对有关事项是否属于国家秘密以及属于何种密级进行鉴定的，由国家保密行政管理部门或者省、自治区、直辖市保密行政管理部门鉴定。	**第五十三条** 办理涉嫌泄露国家秘密案件的机关，需要对有关事项是否属于国家秘密、属于何种密级进行鉴定的，由国家保密行政管理部门或者省、自治区、直辖市保密行政管理部门鉴定。
第四十七条 机关、单位对违反保密规定的人员不依法给予处分的，保密行政管理部门应当建议纠正，对拒不纠正的，提请其上一级机关或者监察机关对该机关、单位负有责任的领导人员和直接责任人员依法予以处理。	**第五十四条** 机关、单位对违反**国家**保密规定的人员不依法给予处分的，保密行政管理部门应当建议纠正；对拒不纠正的，提请其上一级机关或者监察机关对该机关、单位负有责任的领导人员和直接责任人员依法予以处理。
	第五十五条 设区的市级以上保密行政管理部门建立保密风险评估机制、监测预警制度、应急处置制度，会同有关部门开展信息收集、分析、通报工作。
	第五十六条 保密协会等行业组织依照法律、行政法规的规定开展活动，推动行业自律，促进行业健康发展。

（续表）

《中华人民共和国保守国家秘密法》（2010 年）	《中华人民共和国保守国家秘密法》（2024 年）
第五章　法律责任	**第五章　法律责任**
第四十八条　违反本法规定，有下列行为之一的，依法给予处分；构成犯罪的，依法追究刑事责任： （一）非法获取、持有国家秘密载体的； （二）买卖、转送或者私自销毁国家秘密载体的； （三）通过普通邮政、快递等无保密措施的渠道传递国家秘密载体的； （四）邮寄、托运国家秘密载体出境，或者未经有关主管部门批准，携带、传递国家秘密载体出境的； （五）非法复制、记录、存储国家秘密的； （六）在私人交往和通信中涉及国家秘密的； （七）在互联网及其他公共信息网络或者未采取保密措施的有线和无线通信中传递国家秘密的； （八）将涉密计算机、涉密存储设备接入互联网及其他公共信息网络的； （九）在未采取防护措施的情况下，在涉密信息系统与互联网及其他公共信息网络之间进行信息交换的； （十）使用非涉密计算机、非涉密存储设备存储、处理国家秘密信息的； （十一）擅自卸载、修改涉密信息系统的安全技术程序、管理程序的； （十二）将未经安全技术处理的退出使用的涉密计算机、涉密存储设备赠送、出售、丢弃或者改作其他用途的。 有前款行为尚不构成犯罪，且不适用处分的人员，由保密行政管理部门督促其所在机关、单位予以处理。	**第五十七条**　违反本法规定，有下列情形之一，**根据情节轻重**，依法给予处分；**有违法所得的，没收违法所得**： （一）非法获取、持有国家秘密载体的； （二）买卖、转送或者私自销毁国家秘密载体的； （三）通过普通邮政、快递等无保密措施的渠道传递国家秘密载体的； （四）寄**递**、托运国家秘密载体出境，或者未经有关主管部门批准，携带、传递国家秘密载体出境的； （五）非法复制、记录、存储国家秘密的； （六）在私人交往和通信中涉及国家秘密的； （七）**未按照国家保密规定和标准采取有效保密措施**，在互联网及其他公共信息网络或者有线和无线通信中传递国家秘密的； （八）**未按照国家保密规定和标准采取有效保密措施**，将涉密**信息系统**、涉密**信息设备**接入互联网及其他公共信息网络的； （九）**未按照国家保密规定和标准**采取**有效保密**措施，在涉密信息系统、**涉密信息设备**与互联网及其他公共信息网络之间进行信息交换的； （十）使用非涉密**信息系统**、非涉密**信息设备**存储、处理国家秘密的； （十一）擅自卸载、修改涉密信息系统的安全技术程序、管理程序的； （十二）将未经安全技术处理的退出使用的涉密**信息**设备赠送、出售、丢弃或者改作其他用途的； **（十三）其他违反本法规定的情形。** 有前款**情形**尚不构成犯罪，且不适用处分的人员，由保密行政管理部门督促其所在机关、单位予以处理。

（续表）

《中华人民共和国保守国家秘密法》（2010 年）	《中华人民共和国保守国家秘密法》（2024 年）
第四十九条 机关、单位违反本法规定，发生重大泄密案件的，由有关机关、单位依法对直接负责的主管人员和其他直接责任人员给予处分；不适用处分的人员，由保密行政管理部门督促其主管部门予以处理。 机关、单位违反本法规定，对应当定密的事项不定密，或者对不应当定密的事项定密，造成严重后果的，由有关机关、单位依法对直接负责的主管人员和其他直接责任人员给予处分。	**第五十八条** 机关、单位违反本法规定，发生重大泄**露国家秘**密案件的，依法对直接负责的主管人员和其他直接责任人员给予处分。不适用处分的人员，由保密行政管理部门督促其主管部门予以处理。 机关、单位违反本法规定，对应当定密的事项不定密，对不应当定密的事项定密，**或者未履行解密审核责任**，造成严重后果的，依法对直接负责的主管人员和其他直接责任人员给予处分。
第五十条 互联网及其他公共信息网络运营商、服务商违反本法第二十八条规定的，由公安机关或者国家安全机关、信息产业主管部门按照各自职责分工依法予以处罚。	**第五十九条** 网络运营**者**违反本法第**三十四**条规定的，由公安机关、国家安全机关、**电信**主管部门、**保密行政管理部门**按照各自职责分工依法予以处罚。
	第六十条 取得保密资质的企业事业单位违反国家保密规定的，由保密行政管理部门责令限期整改，给予警告或者通报批评；有违法所得的，没收违法所得；情节严重的，暂停涉密业务、降低资质等级；情节特别严重的，吊销保密资质。 **未取得保密资质的企业事业单位违法从事本法第四十一条第二款规定的涉密业务的，由保密行政管理部门责令停止涉密业务，给予警告或者通报批评；有违法所得的，没收违法所得。**
第五十一条 保密行政管理部门的工作人员在履行保密管理职责中滥用职权、玩忽职守、徇私舞弊的，依法给予处分；构成犯罪的，依法追究刑事责任。	**第六十一条** 保密行政管理部门的工作人员在履行保密管理职责中滥用职权、玩忽职守、徇私舞弊的，依法给予处分。
第五十一条 保密行政管理部门的工作人员在履行保密管理职责中滥用职权、玩忽职守、徇私舞弊的，依法给予处分；构成犯罪的，依法追究刑事责任。	**第六十二条 违反本法规定**，构成犯罪的，依法追究刑事责任。

（续表）

《中华人民共和国保守国家秘密法》（2010 年）	《中华人民共和国保守国家秘密法》（2024 年）
第六章　附　　则	**第六章　附　　则**
第五十二条　中央军事委员会根据本法制定中国人民解放军保密条例。	**第六十三条**　中国人民解放军**和中国人民武装警察部队开展**保密**工作的具体规定，由**中央军事委员会根据本法制定。
	第六十四条　机关、单位对履行职能过程中产生或者获取的不属于国家秘密但泄露后会造成一定不利影响的事项，适用工作秘密管理办法采取必要的保护措施。工作秘密管理办法另行规定。
第五十三条　本法自 2010 年 10 月 1 日起施行。	**第六十五条**　本法自 2024 年 5 月 1 日起施行。

附录二

中国共产党章程（节选）

（中国共产党第二十次全国代表大会部分修改，2022年10月22日通过）

第一章 党　　员

第三条 党员必须履行下列义务：

（一）认真学习马克思列宁主义、毛泽东思想、邓小平理论、“三个代表”重要思想、科学发展观、习近平新时代中国特色社会主义思想，学习党的路线、方针、政策和决议，学习党的基本知识和党的历史，学习科学、文化、法律和业务知识，努力提高为人民服务的本领。

（二）增强“四个意识”、坚定“四个自信”、做到“两个维护”，贯彻执行党的基本路线和各项方针、政策，带头参加改革开放和社会主义现代化建设，带动群众为经济发展和社会进步艰苦奋斗，在生产、工作、学习和社会生活中起先锋模范作用。

（三）坚持党和人民的利益高于一切，个人利益服从党和人民的利益，吃苦在前，享受在后，克己奉公，多做贡献。

（四）自觉遵守党的纪律，首先是党的政治纪律和政治规矩，模范遵守国家的法律法规，严格保守党和国家的秘密，执行党的决定，服从组织分配，积极完成党的任务。

（五）维护党的团结和统一，对党忠诚老实，言行一致，坚决反对一切派别组织和小集团活动，反对阳奉阴违的两面派行为和一切阴谋诡计。

（六）切实开展批评和自我批评，勇于揭露和纠正违反党的原则的言行和工作中的缺点、错误，坚决同消极腐败现象作斗争。

（七）密切联系群众，向群众宣传党的主张，遇事同群众商量，及时向党反映群众的意见和要求，维护群众的正当利益。

（八）发扬社会主义新风尚，带头实践社会主义核心价值观和社会主义荣辱观，提倡共产主义道德，弘扬中华民族传统美德，为了保护国家和人民的利益，在一切困难和危险的时刻挺身而出，英勇斗争，不怕牺牲。

第六条 预备党员必须面向党旗进行入党宣誓。誓词如下：我志愿加入中国共产党，拥护党的纲领，遵守党的章程，履行党员义务，执行党的决定，严守党的纪律，保守党的秘密，对党忠诚，积极工作，为共产主义奋斗终身，随时准备为党和人民牺牲一切，永不叛党。

关于新形势下党内政治生活的若干准则（节选）

（2016年10月27日中国共产党第十八届中央委员会第六次全体会议通过）

四、严明党的政治纪律

政治纪律是党最根本、最重要的纪律，遵守党的政治纪律是遵守党的全部纪律的基础。全党特别是高级干部必须严格遵守党的政治纪律和政治规矩。党员不准散布违背党的理论和路线方针政策的言论，不准公开发表违背党中央决定的言论，不准泄露党和国家秘密，不准参与非法组织和非法活动，不准制造、传播政治谣言及丑化党和国家形象的言论。党员不准搞封建迷信，不准信仰宗教，不准参与邪教，不准纵容和支持宗教极端势力、民族分裂势力、暴力恐怖势力及其活动。

中国共产党纪律处分条例（节选）

（2003年12月23日中共中央政治局会议审议批准
2003年12月31日中共中央发布
2023年12月8日中共中央政治局会议第三次修订
2023年12月19日中共中央发布）

第四章　对违法犯罪党员的纪律处分

第三十条　党组织在纪律审查中发现党员有刑法规定的行为，虽不构成犯罪但须追究党纪责任的，或者有其他破坏社会主义市场经济秩序、违反治安管理等违法行为，损害党、国家和人民利益的，应当视具体情节给予警告直至开除党籍处分。

违反国家财经纪律，在公共资金收支、税务管理、国有资产管理、政府采购管理、金融管理、财务会计管理等财经活动中有违法行为的，依照前款规定处理。

党员有嫖娼或者吸食、注射毒品等丧失党员条件，严重败坏党的形象行为的，应当给予开除党籍处分。

第十章　对违反工作纪律行为的处分

第一百四十四条　泄露、扩散或者打探、窃取党组织关于干部选拔任用、纪律审查、巡视巡察等尚未公开事项或者其他应当保密的内容的，给予警告或者严重警告处分；情节较重的，给予撤销党内职务或者留党察看处分；情节严重的，给予开除党籍处分。

私自留存涉及党组织关于干部选拔任用、纪律审查、巡视巡察等方面资料，情节较重的，给予警告或者严重警告处分；情节严重的，给予撤销党内职务处分。

中国共产党巡视工作条例（节选）

（2015年6月26日中共中央政治局会议审议批准
2015年8月3日中共中央发布
2024年1月31日中共中央政治局会议第二次修订
2024年2月8日中共中央发布）

第二章　组织领导和机构职责

第十四条　纪检监察机关、组织部门应当协助同级党组织开展巡视工作，宣传、统战、政法、保密、审计、财政、统计、信访等部门和单位应当支持巡视工作，协同做好人员选派、情况通报、政策咨询、问题研判、措施配合、整改监督、成果运用等工作。

纪检监察机关派驻机构应当依据有关规定，协助驻在单位（含综合监督单位）党组、党委开展巡视工作。

第四章　工作程序、方式和权限

第二十一条　巡视组开展巡视前，根据工作需要，应当听取同级纪检监察机关和组织、宣传、统战、政法、保密、审计、财政、统计、信访等部门和单位关于被巡视党组织领导班子及其成员的有关情况通报。

第六章　队伍建设

第四十条　巡视干部应当具备下列条件：

（一）理想信念坚定，对党忠诚，自觉在思想上政治上行动上同以习近平同志为核心的党中央保持高度一致；

（二）坚持原则，敢于斗争，担当作为，依法办事，公道正派，清正廉洁；

（三）模范遵守党的纪律和国家法律法规，严守党和国家的秘密；

（四）具有履行巡视监督职责的专业知识和较强的发现问题、沟通协调、文字综合等能力；

（五）具有正常履行职责的身体条件和心理素质。

抽调人员参加巡视工作，应当按照上述条件，严把政治关、品行关、能力关、作风关、廉洁关，按程序征求党风廉政意见。

对不适合从事巡视工作的人员，应当及时予以调整。

第四十二条　巡视机构、巡视干部应当自觉接受党组织监督、民主监督、群众监督等各方面监督，带头强化自我监督。建立健全内控机制，加强对巡视干部特别是巡视组组长、副组长等关键岗位人员的监督，严格执行回避、保密、重大事项请示报告、作风纪律评估等制度规定，依规依纪依法开展巡视工作。

任何单位和个人对巡视机构、巡视干部的违规违纪违法行为有权提出检举、控告。

第七章　责任追究

第四十五条　巡视工作人员有下列情形之一的，视情节轻重，依据有关规定给予批评教育、责令检查、诫勉、组织处理或者党纪、政务处分；构成犯罪的，依法追究刑事责任：

（一）对应当发现的重要问题没有发现；

（二）不如实报告巡视情况，隐瞒、歪曲、捏造事实；

（三）私自留存巡视工作资料，泄露与巡视工作有关的国家秘密、工作秘密、商业秘密和个人隐私等未公开信息；

（四）工作中超越权限，造成不良后果；

（五）利用巡视工作的便利谋取私利或者为他人谋取不正当利益；

（六）违反巡视工作纪律的其他行为。

附录三

中华人民共和国宪法（节选）

（1982年12月4日第五届全国人民代表大会第五次会议通过
1982年12月4日全国人民代表大会公告公布施行
根据1988年4月12日第七届全国人民代表大会第一次会议通过的
《中华人民共和国宪法修正案》、1993年3月29日第八届全国人民代表大会
第一次会议通过的《中华人民共和国宪法修正案》、1999年3月15日
第九届全国人民代表大会第二次会议通过的《中华人民共和国宪法修正案》、
2004年3月14日第十届全国人民代表大会第二次会议通过的《中华人民共和国
宪法修正案》和2018年3月11日第十三届全国人民代表大会第一次会议通过的
《中华人民共和国宪法修正案》修正）

第二章　公民的基本权利和义务

第五十三条　中华人民共和国公民必须遵守宪法和法律，保守国家秘密，爱护公共财产，遵守劳动纪律，遵守公共秩序，尊重社会公德。

第三章　国家机构

第七十六条　全国人民代表大会代表必须模范地遵守宪法和法律，保守国家秘密，并且在自己参加的生产、工作和社会活动中，协助宪法和法律的实施。

中华人民共和国国家安全法

（2015年7月1日第十二届全国人民代表大会常务委员会第十五次会议通过
2015年7月1日中华人民共和国主席令第二十九号公布）

目　　录

第一章　总　　则

第一条　为了维护国家安全，保卫人民民主专政的政权和中国特色社会主义制度，保护人民的根本利益，保障改革开放和社会主义现代化建设的顺利进行，实现中华民族伟大复兴，根据宪法，制定本法。

第二条　国家安全是指国家政权、主权、统一和领土完整、人民福祉、经济社会可持续发展和国家其他重大利益相对处于没有危险和不受内外威胁的状态，以及保障持续安全状态的能力。

第三条　国家安全工作应当坚持总体国家安全观，以人民安全为宗旨，以政治安全为根本，以经济安全为基础，以军事、文化、社会安全为保障，以促进国际安全为依托，维护各领域国家安全，构建国家安全体系，走中国特色国家安全道路。

第四条　坚持中国共产党对国家安全工作的领导，建立集中统一、高效权威的国家安全领导体制。

第五条　中央国家安全领导机构负责国家安全工作的决策和议事协调，研究制定、指导实施国家安全战略和有关重大方针政策，统筹协调国家安全重大事项和重要工作，推动国家安全法治建设。

第六条　国家制定并不断完善国家安全战略，全面评估国际、国内安全形势，明确国家安全战略的指导方针、中长期目标、重点领域的国家安全政策、工作任务和措施。

第七条　维护国家安全，应当遵守宪法和法律，坚持社会主义法治原则，尊重和保障人权，依法保护公民的权利和自由。

第八条　维护国家安全，应当与经济社会发展相协调。

国家安全工作应当统筹内部安全和外部安全、国土安全和国民安全、传统安全和非传统安全、自身安全和共同安全。

第九条 维护国家安全，应当坚持预防为主、标本兼治，专门工作与群众路线相结合，充分发挥专门机关和其他有关机关维护国家安全的职能作用，广泛动员公民和组织，防范、制止和依法惩治危害国家安全的行为。

第十条 维护国家安全，应当坚持互信、互利、平等、协作，积极同外国政府和国际组织开展安全交流合作，履行国际安全义务，促进共同安全，维护世界和平。

第十一条 中华人民共和国公民、一切国家机关和武装力量、各政党和各人民团体、企业事业组织和其他社会组织，都有维护国家安全的责任和义务。

中国的主权和领土完整不容侵犯和分割。维护国家主权、统一和领土完整是包括港澳同胞和台湾同胞在内的全中国人民的共同义务。

第十二条 国家对在维护国家安全工作中作出突出贡献的个人和组织给予表彰和奖励。

第十三条 国家机关工作人员在国家安全工作和涉及国家安全活动中，滥用职权、玩忽职守、徇私舞弊的，依法追究法律责任。

任何个人和组织违反本法和有关法律，不履行维护国家安全义务或者从事危害国家安全活动的，依法追究法律责任。

第十四条 每年4月15日为全民国家安全教育日。

第二章 维护国家安全的任务

第十五条 国家坚持中国共产党的领导，维护中国特色社会主义制度，发展社会主义民主政治，健全社会主义法治，强化权力运行制约和监督机制，保障人民当家作主的各项权利。

国家防范、制止和依法惩治任何叛国、分裂国家、煽动叛乱、颠覆或者煽动颠覆人民民主专政政权的行为；防范、制止和依法惩治窃取、泄露国家秘密等危害国家安全的行为；防范、制止和依法惩治境外势力的渗透、破坏、颠覆、分裂活动。

第十六条　国家维护和发展最广大人民的根本利益，保卫人民安全，创造良好生存发展条件和安定工作生活环境，保障公民的生命财产安全和其他合法权益。

第十七条　国家加强边防、海防和空防建设，采取一切必要的防卫和管控措施，保卫领陆、内水、领海和领空安全，维护国家领土主权和海洋权益。

第十八条　国家加强武装力量革命化、现代化、正规化建设，建设与保卫国家安全和发展利益需要相适应的武装力量；实施积极防御军事战略方针，防备和抵御侵略，制止武装颠覆和分裂；开展国际军事安全合作，实施联合国维和、国际救援、海上护航和维护国家海外利益的军事行动，维护国家主权、安全、领土完整、发展利益和世界和平。

第十九条　国家维护国家基本经济制度和社会主义市场经济秩序，健全预防和化解经济安全风险的制度机制，保障关系国民经济命脉的重要行业和关键领域、重点产业、重大基础设施和重大建设项目以及其他重大经济利益安全。

第二十条　国家健全金融宏观审慎管理和金融风险防范、处置机制，加强金融基础设施和基础能力建设，防范和化解系统性、区域性金融风险，防范和抵御外部金融风险的冲击。

第二十一条 国家合理利用和保护资源能源，有效管控战略资源能源的开发，加强战略资源能源储备，完善资源能源运输战略通道建设和安全保护措施，加强国际资源能源合作，全面提升应急保障能力，保障经济社会发展所需的资源能源持续、可靠和有效供给。

第二十二条 国家健全粮食安全保障体系，保护和提高粮食综合生产能力，完善粮食储备制度、流通体系和市场调控机制，健全粮食安全预警制度，保障粮食供给和质量安全。

第二十三条 国家坚持社会主义先进文化前进方向，继承和弘扬中华民族优秀传统文化，培育和践行社会主义核心价值观，防范和抵制不良文化的影响，掌握意识形态领域主导权，增强文化整体实力和竞争力。

第二十四条 国家加强自主创新能力建设，加快发展自主可控的战略高新技术和重要领域核心关键技术，加强知识产权的运用、保护和科技保密能力建设，保障重大技术和工程的安全。

第二十五条 国家建设网络与信息安全保障体系，提升网络与信息安全保护能力，加强网络和信息技术的创新研究和开发应用，实现网络和信息核心技术、关键基础设施和重要领域信息系统及数据的安全可控；加强网络管理，防范、制止和依法惩治网络攻击、网络入侵、网络窃密、散布违法有害信息等网络违法犯罪行为，维护国家网络空间主权、安全和发展利益。

第二十六条 国家坚持和完善民族区域自治制度，巩固和发展平等团结互助和谐的社会主义民族关系。坚持各民族一律平等，加强民族交往、交流、交融，防范、制止和依法惩治民族分裂活动，维护国家统一、民族团结和社会和谐，实现各民族共同团结奋斗、共同繁荣发展。

第二十七条　国家依法保护公民宗教信仰自由和正常宗教活动，坚持宗教独立自主自办的原则，防范、制止和依法惩治利用宗教名义进行危害国家安全的违法犯罪活动，反对境外势力干涉境内宗教事务，维护正常宗教活动秩序。

国家依法取缔邪教组织，防范、制止和依法惩治邪教违法犯罪活动。

第二十八条　国家反对一切形式的恐怖主义和极端主义，加强防范和处置恐怖主义的能力建设，依法开展情报、调查、防范、处置以及资金监管等工作，依法取缔恐怖活动组织和严厉惩治暴力恐怖活动。

第二十九条　国家健全有效预防和化解社会矛盾的体制机制，健全公共安全体系，积极预防、减少和化解社会矛盾，妥善处置公共卫生、社会安全等影响国家安全和社会稳定的突发事件，促进社会和谐，维护公共安全和社会安定。

第三十条　国家完善生态环境保护制度体系，加大生态建设和环境保护力度，划定生态保护红线，强化生态风险的预警和防控，妥善处置突发环境事件，保障人民赖以生存发展的大气、水、土壤等自然环境和条件不受威胁和破坏，促进人与自然和谐发展。

第三十一条　国家坚持和平利用核能和核技术，加强国际合作，防止核扩散，完善防扩散机制，加强对核设施、核材料、核活动和核废料处置的安全管理、监管和保护，加强核事故应急体系和应急能力建设，防止、控制和消除核事故对公民生命健康和生态环境的危害，不断增强有效应对和防范核威胁、核攻击的能力。

第三十二条 国家坚持和平探索和利用外层空间、国际海底区域和极地，增强安全进出、科学考察、开发利用的能力，加强国际合作，维护我国在外层空间、国际海底区域和极地的活动、资产和其他利益的安全。

第三十三条 国家依法采取必要措施，保护海外中国公民、组织和机构的安全和正当权益，保护国家的海外利益不受威胁和侵害。

第三十四条 国家根据经济社会发展和国家发展利益的需要，不断完善维护国家安全的任务。

第三章 维护国家安全的职责

第三十五条 全国人民代表大会依照宪法规定，决定战争和和平的问题，行使宪法规定的涉及国家安全的其他职权。

全国人民代表大会常务委员会依照宪法规定，决定战争状态的宣布，决定全国总动员或者局部动员，决定全国或者个别省、自治区、直辖市进入紧急状态，行使宪法规定的和全国人民代表大会授予的涉及国家安全的其他职权。

第三十六条 中华人民共和国主席根据全国人民代表大会的决定和全国人民代表大会常务委员会的决定，宣布进入紧急状态，宣布战争状态，发布动员令，行使宪法规定的涉及国家安全的其他职权。

第三十七条 国务院根据宪法和法律，制定涉及国家安全的行政法规，规定有关行政措施，发布有关决定和命令；实施国家安全法律法规和政策；依照法律规定决定省、自治区、直辖市的范围内部分地区进入紧急状态；行使宪法法律规定的和全国人民代表大会及其常务委员会授予的涉及国家安全的其他职权。

第三十八条　中央军事委员会领导全国武装力量，决定军事战略和武装力量的作战方针，统一指挥维护国家安全的军事行动，制定涉及国家安全的军事法规，发布有关决定和命令。

第三十九条　中央国家机关各部门按照职责分工，贯彻执行国家安全方针政策和法律法规，管理指导本系统、本领域国家安全工作。

第四十条　地方各级人民代表大会和县级以上地方各级人民代表大会常务委员会在本行政区域内，保证国家安全法律法规的遵守和执行。

地方各级人民政府依照法律法规规定管理本行政区域内的国家安全工作。

香港特别行政区、澳门特别行政区应当履行维护国家安全的责任。

第四十一条　人民法院依照法律规定行使审判权，人民检察院依照法律规定行使检察权，惩治危害国家安全的犯罪。

第四十二条　国家安全机关、公安机关依法搜集涉及国家安全的情报信息，在国家安全工作中依法行使侦查、拘留、预审和执行逮捕以及法律规定的其他职权。

有关军事机关在国家安全工作中依法行使相关职权。

第四十三条　国家机关及其工作人员在履行职责时，应当贯彻维护国家安全的原则。

国家机关及其工作人员在国家安全工作和涉及国家安全活动中，应当严格依法履行职责，不得超越职权、滥用职权，不得侵犯个人和组织的合法权益。

第四章　国家安全制度

第一节　一般规定

第四十四条　中央国家安全领导机构实行统分结合、协调高效的国家安全制度与工作机制。

第四十五条　国家建立国家安全重点领域工作协调机制，统筹协调中央有关职能部门推进相关工作。

第四十六条　国家建立国家安全工作督促检查和责任追究机制，确保国家安全战略和重大部署贯彻落实。

第四十七条　各部门、各地区应当采取有效措施，贯彻实施国家安全战略。

第四十八条　国家根据维护国家安全工作需要，建立跨部门会商工作机制，就维护国家安全工作的重大事项进行会商研判，提出意见和建议。

第四十九条　国家建立中央与地方之间、部门之间、军地之间以及地区之间关于国家安全的协同联动机制。

第五十条　国家建立国家安全决策咨询机制，组织专家和有关方面开展对国家安全形势的分析研判，推进国家安全的科学决策。

第二节　情报信息

第五十一条　国家健全统一归口、反应灵敏、准确高效、运转顺畅的情报信息收集、研判和使用制度，建立情报信息工作协调机制，实现情报信息的及时收集、准确研判、有效使用和共享。

第五十二条　国家安全机关、公安机关、有关军事机关根据职责分工，依法搜集涉及国家安全的情报信息。

国家机关各部门在履行职责过程中，对于获取的涉及国家安全的有关信息应当及时上报。

第五十三条　开展情报信息工作，应当充分运用现代科学技术手段，加强对情报信息的鉴别、筛选、综合和研判分析。

第五十四条　情报信息的报送应当及时、准确、客观，不得迟报、漏报、瞒报和谎报。

第三节　风险预防、评估和预警

第五十五条　国家制定完善应对各领域国家安全风险预案。

第五十六条　国家建立国家安全风险评估机制，定期开展各领域国家安全风险调查评估。

有关部门应当定期向中央国家安全领导机构提交国家安全风险评估报告。

第五十七条　国家健全国家安全风险监测预警制度，根据国家安全风险程度，及时发布相应风险预警。

第五十八条　对可能即将发生或者已经发生的危害国家安全的事

件，县级以上地方人民政府及其有关主管部门应当立即按照规定向上一级人民政府及其有关主管部门报告，必要时可以越级上报。

第四节　审查监管

第五十九条　国家建立国家安全审查和监管的制度和机制，对影响或者可能影响国家安全的外商投资、特定物项和关键技术、网络信息技术产品和服务、涉及国家安全事项的建设项目，以及其他重大事项和活动，进行国家安全审查，有效预防和化解国家安全风险。

第六十条　中央国家机关各部门依照法律、行政法规行使国家安全审查职责，依法作出国家安全审查决定或者提出安全审查意见并监督执行。

第六十一条　省、自治区、直辖市依法负责本行政区域内有关国家安全审查和监管工作。

第五节　危机管控

第六十二条　国家建立统一领导、协同联动、有序高效的国家安全危机管控制度。

第六十三条　发生危及国家安全的重大事件，中央有关部门和有关地方根据中央国家安全领导机构的统一部署，依法启动应急预案，采取管控处置措施。

第六十四条　发生危及国家安全的特别重大事件，需要进入紧急状态、战争状态或者进行全国总动员、局部动员的，由全国人民代表大会、全国人民代表大会常务委员会或者国务院依照宪法和有关法律规定的权限和程序决定。

第六十五条　国家决定进入紧急状态、战争状态或者实施国防动员后，履行国家安全危机管控职责的有关机关依照法律规定或者全国人民代表大会常务委员会规定，有权采取限制公民和组织权利、增加公民和组织义务的特别措施。

第六十六条　履行国家安全危机管控职责的有关机关依法采取处置国家安全危机的管控措施，应当与国家安全危机可能造成的危害的性质、程度和范围相适应；有多种措施可供选择的，应当选择有利于最大程度保护公民、组织权益的措施。

第六十七条　国家健全国家安全危机的信息报告和发布机制。

国家安全危机事件发生后，履行国家安全危机管控职责的有关机关，应当按照规定准确、及时报告，并依法将有关国家安全危机事件发生、发展、管控处置及善后情况统一向社会发布。

第六十八条　国家安全威胁和危害得到控制或者消除后，应当及时解除管控处置措施，做好善后工作。

第五章　国家安全保障

第六十九条　国家健全国家安全保障体系，增强维护国家安全的能力。

第七十条　国家健全国家安全法律制度体系，推动国家安全法治建设。

第七十一条 国家加大对国家安全各项建设的投入，保障国家安全工作所需经费和装备。

第七十二条 承担国家安全战略物资储备任务的单位，应当按照国家有关规定和标准对国家安全物资进行收储、保管和维护，定期调整更换，保证储备物资的使用效能和安全。

第七十三条 鼓励国家安全领域科技创新，发挥科技在维护国家安全中的作用。

第七十四条 国家采取必要措施，招录、培养和管理国家安全工作专门人才和特殊人才。

根据维护国家安全工作的需要，国家依法保护有关机关专门从事国家安全工作人员的身份和合法权益，加大人身保护和安置保障力度。

第七十五条 国家安全机关、公安机关、有关军事机关开展国家安全专门工作，可以依法采取必要手段和方式，有关部门和地方应当在职责范围内提供支持和配合。

第七十六条 国家加强国家安全新闻宣传和舆论引导，通过多种形式开展国家安全宣传教育活动，将国家安全教育纳入国民教育体系和公务员教育培训体系，增强全民国家安全意识。

第六章　公民、组织的义务和权利

第七十七条 公民和组织应当履行下列维护国家安全的义务：

（一）遵守宪法、法律法规关于国家安全的有关规定；

（二）及时报告危害国家安全活动的线索；

（三）如实提供所知悉的涉及危害国家安全活动的证据；

（四）为国家安全工作提供便利条件或者其他协助；

（五）向国家安全机关、公安机关和有关军事机关提供必要的支持和协助；

（六）保守所知悉的国家秘密；

（七）法律、行政法规规定的其他义务。

任何个人和组织不得有危害国家安全的行为，不得向危害国家安全的个人或者组织提供任何资助或者协助。

第七十八条　机关、人民团体、企业事业组织和其他社会组织应当对本单位的人员进行维护国家安全的教育，动员、组织本单位的人员防范、制止危害国家安全的行为。

第七十九条　企业事业组织根据国家安全工作的要求，应当配合有关部门采取相关安全措施。

第八十条　公民和组织支持、协助国家安全工作的行为受法律保护。

因支持、协助国家安全工作，本人或者其近亲属的人身安全面临危险的，可以向公安机关、国家安全机关请求予以保护。公安机关、国家安全机关应当会同有关部门依法采取保护措施。

第八十一条　公民和组织因支持、协助国家安全工作导致财产损失的，按照国家有关规定给予补偿；造成人身伤害或者死亡的，按照国家有关规定给予抚恤优待。

第八十二条　公民和组织对国家安全工作有向国家机关提出批评建议的权利，对国家机关及其工作人员在国家安全工作中的违法失职行为有提出申诉、控告和检举的权利。

第八十三条　在国家安全工作中，需要采取限制公民权利和自由的特别措施时，应当依法进行，并以维护国家安全的实际需要为限度。

第七章　附　　则

第八十四条　本法自公布之日起施行。

中华人民共和国反间谍法

（2014年11月1日第十二届全国人民代表大会常务委员会第十一次会议通过
2023年4月26日第十四届全国人民代表大会常务委员会第二次会议修订
2023年4月26日中华人民共和国主席令第四号公布）

目　　录

第一章　总　　则

第一条　为了加强反间谍工作，防范、制止和惩治间谍行为，维护国家安全，保护人民利益，根据宪法，制定本法。

第二条　反间谍工作坚持党中央集中统一领导，坚持总体国家安全观，坚持公开工作与秘密工作相结合、专门工作与群众路线相结合，坚持积极防御、依法惩治、标本兼治，筑牢国家安全人民防线。

第三条　反间谍工作应当依法进行，尊重和保障人权，保障个人和组织的合法权益。

第四条　本法所称间谍行为，是指下列行为：

（一）间谍组织及其代理人实施或者指使、资助他人实施，或者境内外机构、组织、个人与其相勾结实施的危害中华人民共和国国家安全的活动；

（二）参加间谍组织或者接受间谍组织及其代理人的任务，或者投靠间谍组织及其代理人；

（三）间谍组织及其代理人以外的其他境外机构、组织、个人实施或者指使、资助他人实施，或者境内机构、组织、个人与其相勾结实施的窃取、刺探、收买、非法提供国家秘密、情报以及其他关系国家安全和利益的文件、数据、资料、物品，或者策动、引诱、胁迫、收买国家工作人员叛变的活动；

（四）间谍组织及其代理人实施或者指使、资助他人实施，或者境内外机构、组织、个人与其相勾结实施针对国家机关、涉密单位或者关键信息基础设施等的网络攻击、侵入、干扰、控制、破坏等活动；

（五）为敌人指示攻击目标；

（六）进行其他间谍活动。

间谍组织及其代理人在中华人民共和国领域内，或者利用中华人民共和国的公民、组织或者其他条件，从事针对第三国的间谍活动，危害中华人民共和国国家安全的，适用本法。

第五条　国家建立反间谍工作协调机制，统筹协调反间谍工作中的重大事项,. 研究、解决反间谍工作中的重大问题。

第六条　国家安全机关是反间谍工作的主管机关。

公安、保密等有关部门和军队有关部门按照职责分工，密切配合，加强协调，依法做好有关工作。

第七条　中华人民共和国公民有维护国家的安全、荣誉和利益的义务，不得有危害国家的安全、荣誉和利益的行为。

一切国家机关和武装力量、各政党和各人民团体、企业事业组织和其他社会组织，都有防范、制止间谍行为，维护国家安全的义务。

国家安全机关在反间谍工作中必须依靠人民的支持，动员、组织人民防范、制止间谍行为。

第八条　任何公民和组织都应当依法支持、协助反间谍工作，保守所知悉的国家秘密和反间谍工作秘密。

第九条　国家对支持、协助反间谍工作的个人和组织给予保护。

对举报间谍行为或者在反间谍工作中做出重大贡献的个人和组织，按照国家有关规定给予表彰和奖励。

第十条　境外机构、组织、个人实施或者指使、资助他人实施的，或者境内机构、组织、个人与境外机构、组织、个人相勾结实施的危害中华人民共和国国家安全的间谍行为，都必须受到法律追究。

第十一条　国家安全机关及其工作人员在工作中，应当严格依法办事，不得超越职权、滥用职权，不得侵犯个人和组织的合法权益。

国家安全机关及其工作人员依法履行反间谍工作职责获取的个人和组织的信息，只能用于反间谍工作。对属于国家秘密、工作秘密、商业秘密和个人隐私、个人信息的，应当保密。

第二章　安全防范

第十二条　国家机关、人民团体、企业事业组织和其他社会组织承担本单位反间谍安全防范工作的主体责任，落实反间谍安全防范措施，对本单位的人员进行维护国家安全的教育，动员、组织本单位的人员防范、制止间谍行为。

地方各级人民政府、相关行业主管部门按照职责分工，管理本行政区域、本行业有关反间谍安全防范工作。

国家安全机关依法协调指导、监督检查反间谍安全防范工作。

第十三条　各级人民政府和有关部门应当组织开展反间谍安全防范宣传教育，将反间谍安全防范知识纳入教育、培训、普法宣传内容，增强全民反间谍安全防范意识和国家安全素养。

新闻、广播、电视、文化、互联网信息服务等单位，应当面向社会有针对性地开展反间谍宣传教育。

国家安全机关应当根据反间谍安全防范形势，指导有关单位开展反间谍宣传教育活动，提高防范意识和能力。

第十四条　任何个人和组织都不得非法获取、持有属于国家秘密的文件、数据、资料、物品。

第十五条　任何个人和组织都不得非法生产、销售、持有、使用间谍活动特殊需要的专用间谍器材。专用间谍器材由国务院国家安全主管部门依照国家有关规定确认。

第十六条　任何公民和组织发现间谍行为，应当及时向国家安全机关举报；向公安机关等其他国家机关、组织举报的，相关国家机关、组织应当立即移送国家安全机关处理。

国家安全机关应当将受理举报的电话、信箱、网络平台等向社会公开，依法及时处理举报信息，并为举报人保密。

第十七条　国家建立反间谍安全防范重点单位管理制度。

反间谍安全防范重点单位应当建立反间谍安全防范工作制度，履行反间谍安全防范工作要求，明确内设职能部门和人员承担反间谍安全防范职责。

第十八条　反间谍安全防范重点单位应当加强对工作人员反间谍安全防范的教育和管理，对离岗离职人员脱密期内履行反间谍安全防范义务的情况进行监督检查。

第十九条　反间谍安全防范重点单位应当加强对涉密事项、场所、载体等的日常安全防范管理，采取隔离加固、封闭管理、设置警戒等反间谍物理防范措施。

第二十条　反间谍安全防范重点单位应当按照反间谍技术防范的要求和标准，采取相应的技术措施和其他必要措施，加强对要害部门部位、网络设施、信息系统的反间谍技术防范。

第二十一条　在重要国家机关、国防军工单位和其他重要涉密单位以及重要军事设施的周边安全控制区域内新建、改建、扩建建设项目的，由国家安全机关实施涉及国家安全事项的建设项目许可。

县级以上地方各级人民政府编制国民经济和社会发展规划、国土空间规划等有关规划，应当充分考虑国家安全因素和划定的安全控制区域，征求国家安全机关的意见。

安全控制区域的划定应当统筹发展和安全，坚持科学合理、确有必要的原则，由国家安全机关会同发展改革、自然资源、住房城乡建设、保密、国防科技工业等部门以及军队有关部门共同划定，报省、自治区、直辖市人民政府批准并动态调整。

涉及国家安全事项的建设项目许可的具体实施办法，由国务院国家安全主管部门会同有关部门制定。

第二十二条 国家安全机关根据反间谍工作需要，可以会同有关部门制定反间谍技术防范标准，指导有关单位落实反间谍技术防范措施，对存在隐患的单位，经过严格的批准手续，可以进行反间谍技术防范检查和检测。

第三章 调查处置

第二十三条 国家安全机关在反间谍工作中依法行使本法和有关法律规定的职权。

第二十四条 国家安全机关工作人员依法执行反间谍工作任务时，依照规定出示工作证件，可以查验中国公民或者境外人员的身份证明，向有关个人和组织问询有关情况，对身份不明、有间谍行为嫌疑的人员，可以查看其随带物品。

第二十五条 国家安全机关工作人员依法执行反间谍工作任务时，经设区的市级以上国家安全机关负责人批准，出示工作证件，可以查验有关个人和组织的电子设备、设施及有关程序、工具。查验中发现存在危害国家安全情形的，国家安全机关应当责令其采取措施立即整改。拒绝整改或者整改后仍存在危害国家安全隐患的，可以予以查封、扣押。

对依照前款规定查封、扣押的电子设备、设施及有关程序、工具，在危害国家安全的情形消除后，国家安全机关应当及时解除查封、扣押。

第二十六条　国家安全机关工作人员依法执行反间谍工作任务时，根据国家有关规定，经设区的市级以上国家安全机关负责人批准，可以查阅、调取有关的文件、数据、资料、物品，有关个人和组织应当予以配合。查阅、调取不得超出执行反间谍工作任务所需的范围和限度。

第二十七条　需要传唤违反本法的人员接受调查的，经国家安全机关办案部门负责人批准，使用传唤证传唤。对现场发现的违反本法的人员，国家安全机关工作人员依照规定出示工作证件，可以口头传唤，但应当在询问笔录中注明。传唤的原因和依据应当告知被传唤人。对无正当理由拒不接受传唤或者逃避传唤的人，可以强制传唤。

国家安全机关应当在被传唤人所在市、县内的指定地点或者其住所进行询问。

国家安全机关对被传唤人应当及时询问查证。询问查证的时间不得超过八小时；情况复杂，可能适用行政拘留或者涉嫌犯罪的，询问查证的时间不得超过二十四小时。国家安全机关应当为被传唤人提供必要的饮食和休息时间。严禁连续传唤。

除无法通知或者可能妨碍调查的情形以外，国家安全机关应当及时将传唤的原因通知被传唤人家属。在上述情形消失后，应当立即通知被传唤人家属。

第二十八条 国家安全机关调查间谍行为，经设区的市级以上国家安全机关负责人批准，可以依法对涉嫌间谍行为的人身、物品、场所进行检查。

检查女性身体的，应当由女性工作人员进行。

第二十九条 国家安全机关调查间谍行为，经设区的市级以上国家安全机关负责人批准，可以查询涉嫌间谍行为人员的相关财产信息。

第三十条 国家安全机关调查间谍行为，经设区的市级以上国家安全机关负责人批准，可以对涉嫌用于间谍行为的场所、设施或者财物依法查封、扣押、冻结；不得查封、扣押、冻结与被调查的间谍行为无关的场所、设施或者财物。

第三十一条 国家安全机关工作人员在反间谍工作中采取查阅、调取、传唤、检查、查询、查封、扣押、冻结等措施，应当由二人以上进行，依照有关规定出示工作证件及相关法律文书，并由相关人员在有关笔录等书面材料上签名、盖章。

国家安全机关工作人员进行检查、查封、扣押等重要取证工作，应当对全过程进行录音录像，留存备查。

第三十二条 在国家安全机关调查了解有关间谍行为的情况、收集有关证据时，有关个人和组织应当如实提供，不得拒绝。

第三十三条 对出境后可能对国家安全造成危害，或者对国家利益造成重大损失的中国公民，国务院国家安全主管部门可以决定其在一定期限内不准出境，并通知移民管理机构。

对涉嫌间谍行为人员，省级以上国家安全机关可以通知移民管理机构不准其出境。

第三十四条　对入境后可能进行危害中华人民共和国国家安全活动的境外人员，国务院国家安全主管部门可以通知移民管理机构不准其入境。

第三十五条　对国家安全机关通知不准出境或者不准入境的人员，移民管理机构应当按照国家有关规定执行；不准出境、入境情形消失的，国家安全机关应当及时撤销不准出境、入境决定，并通知移民管理机构。

第三十六条　国家安全机关发现涉及间谍行为的网络信息内容或者网络攻击等风险，应当依照《中华人民共和国网络安全法》规定的职责分工，及时通报有关部门，由其依法处置或者责令电信业务经营者、互联网服务提供者及时采取修复漏洞、加固网络防护、停止传输、消除程序和内容、暂停相关服务、下架相关应用、关闭相关网站等措施，保存相关记录。情况紧急，不立即采取措施将对国家安全造成严重危害的，由国家安全机关责令有关单位修复漏洞、停止相关传输、暂停相关服务，并通报有关部门。

经采取相关措施，上述信息内容或者风险已经消除的，国家安全机关和有关部门应当及时作出恢复相关传输和服务的决定。

第三十七条　国家安全机关因反间谍工作需要，根据国家有关规定，经过严格的批准手续，可以采取技术侦察措施和身份保护措施。

第三十八条　对违反本法规定，涉嫌犯罪，需要对有关事项是否属于国家秘密或者情报进行鉴定以及需要对危害后果进行评估的，由国家保密部门或者省、自治区、直辖市保密部门按照程序在一定期限内进行鉴定和组织评估。

第三十九条 国家安全机关经调查，发现间谍行为涉嫌犯罪的，应当依照《中华人民共和国刑事诉讼法》的规定立案侦查。

第四章 保障与监督

第四十条 国家安全机关工作人员依法履行职责，受法律保护。

第四十一条 国家安全机关依法调查间谍行为，邮政、快递等物流运营单位和电信业务经营者、互联网服务提供者应当提供必要的支持和协助。

第四十二条 国家安全机关工作人员因执行紧急任务需要，经出示工作证件，享有优先乘坐公共交通工具、优先通行等通行便利。

第四十三条 国家安全机关工作人员依法执行任务时，依照规定出示工作证件，可以进入有关场所、单位；根据国家有关规定，经过批准，出示工作证件，可以进入限制进入的有关地区、场所、单位。

第四十四条 国家安全机关因反间谍工作需要，根据国家有关规定，可以优先使用或者依法征用国家机关、人民团体、企业事业组织和其他社会组织以及个人的交通工具、通信工具、场地和建筑物等，必要时可以设置相关工作场所和设施设备，任务完成后应当及时归还或者恢复原状，并依照规定支付相应费用；造成损失的，应当给予补偿。

第四十五条 国家安全机关因反间谍工作需要，根据国家有关规定，可以提请海关、移民管理等检查机关对有关人员提供通关便利，对有关资料、器材等予以免检。有关检查机关应当依法予以协助。

第四十六条　国家安全机关工作人员因执行任务，或者个人因协助执行反间谍工作任务，本人或者其近亲属的人身安全受到威胁时，国家安全机关应当会同有关部门依法采取必要措施，予以保护、营救。

个人因支持、协助反间谍工作，本人或者其近亲属的人身安全面临危险的，可以向国家安全机关请求予以保护。国家安全机关应当会同有关部门依法采取保护措施。

个人和组织因支持、协助反间谍工作导致财产损失的，根据国家有关规定给予补偿。

第四十七条　对为反间谍工作做出贡献并需要安置的人员，国家给予妥善安置。

公安、民政、财政、卫生健康、教育、人力资源和社会保障、退役军人事务、医疗保障、移民管理等有关部门以及国有企业事业单位应当协助国家安全机关做好安置工作。

第四十八条　对因开展反间谍工作或者支持、协助反间谍工作导致伤残或者牺牲、死亡的人员，根据国家有关规定给予相应的抚恤优待。

第四十九条　国家鼓励反间谍领域科技创新，发挥科技在反间谍工作中的作用。

第五十条　国家安全机关应当加强反间谍专业力量人才队伍建设和专业训练，提升反间谍工作能力。

对国家安全机关工作人员应当有计划地进行政治、理论和业务培训。培训应当坚持理论联系实际、按需施教、讲求实效，提高专业能力。

第五十一条 国家安全机关应当严格执行内部监督和安全审查制度，对其工作人员遵守法律和纪律等情况进行监督，并依法采取必要措施，定期或者不定期进行安全审查。

第五十二条 任何个人和组织对国家安全机关及其工作人员超越职权、滥用职权和其他违法行为，都有权向上级国家安全机关或者监察机关、人民检察院等有关部门检举、控告。受理检举、控告的国家安全机关或者监察机关、人民检察院等有关部门应当及时查清事实，依法处理，并将处理结果及时告知检举人、控告人。

对支持、协助国家安全机关工作或者依法检举、控告的个人和组织，任何个人和组织不得压制和打击报复。

第五章 法律责任

第五十三条 实施间谍行为，构成犯罪的，依法追究刑事责任。

第五十四条 个人实施间谍行为，尚不构成犯罪的，由国家安全机关予以警告或者处十五日以下行政拘留，单处或者并处五万元以下罚款，违法所得在五万元以上的，单处或者并处违法所得一倍以上五倍以下罚款，并可以由有关部门依法予以处分。

明知他人实施间谍行为，为其提供信息、资金、物资、劳务、技术、场所等支持、协助，或者窝藏、包庇，尚不构成犯罪的，依照前款的规定处罚。

单位有前两款行为的，由国家安全机关予以警告，单处或者并处五十万元以下罚款，违法所得在五十万元以上的，单处或者并处违法所得一倍以上五倍以下罚款，并对直接负责的主管人员和其他直接责任人员，依照第一款的规定处罚。

国家安全机关根据相关单位、人员违法情节和后果，可以建议有关主管部门依法责令停止从事相关业务、提供相关服务或者责令停产停业、吊销有关证照、撤销登记。有关主管部门应当将作出行政处理的情况及时反馈国家安全机关。

第五十五条　实施间谍行为，有自首或者立功表现的，可以从轻、减轻或者免除处罚；有重大立功表现的，给予奖励。

在境外受胁迫或者受诱骗参加间谍组织、敌对组织，从事危害中华人民共和国国家安全的活动，及时向中华人民共和国驻外机构如实说明情况，或者入境后直接或者通过所在单位及时向国家安全机关如实说明情况，并有悔改表现的，可以不予追究。

第五十六条　国家机关、人民团体、企业事业组织和其他社会组织未按照本法规定履行反间谍安全防范义务的，国家安全机关可以责令改正；未按照要求改正的，国家安全机关可以约谈相关负责人，必要时可以将约谈情况通报该单位上级主管部门；产生危害后果或者不良影响的，国家安全机关可以予以警告、通报批评；情节严重的，对负有责任的领导人员和直接责任人员，由有关部门依法予以处分。

第五十七条　违反本法第二十一条规定新建、改建、扩建建设项目的，由国家安全机关责令改正，予以警告；拒不改正或者情节严重的，责令停止建设或者使用、暂扣或者吊销许可证件，或者建议有关主管部门依法予以处理。

第五十八条 违反本法第四十一条规定的，由国家安全机关责令改正，予以警告或者通报批评；拒不改正或者情节严重的，由有关主管部门依照相关法律法规予以处罚。

第五十九条 违反本法规定，拒不配合数据调取的，由国家安全机关依照《中华人民共和国数据安全法》的有关规定予以处罚。

第六十条 违反本法规定，有下列行为之一，构成犯罪的，依法追究刑事责任；尚不构成犯罪的，由国家安全机关予以警告或者处十日以下行政拘留，可以并处三万元以下罚款：

（一）泄露有关反间谍工作的国家秘密；

（二）明知他人有间谍犯罪行为，在国家安全机关向其调查有关情况、收集有关证据时，拒绝提供；

（三）故意阻碍国家安全机关依法执行任务；

（四）隐藏、转移、变卖、损毁国家安全机关依法查封、扣押、冻结的财物；

（五）明知是间谍行为的涉案财物而窝藏、转移、收购、代为销售或者以其他方法掩饰、隐瞒；

（六）对依法支持、协助国家安全机关工作的个人和组织进行打击报复。

第六十一条 非法获取、持有属于国家秘密的文件、数据、资料、物品，以及非法生产、销售、持有、使用专用间谍器材，尚不构成犯罪的，由国家安全机关予以警告或者处十日以下行政拘留。

第六十二条 国家安全机关对依照本法查封、扣押、冻结的财物，应当妥善保管，并按照下列情形分别处理：

（一）涉嫌犯罪的，依照《中华人民共和国刑事诉讼法》等有关法律的规定处理；

（二）尚不构成犯罪，有违法事实的，对依法应当没收的予以没收，依法应当销毁的予以销毁；

（三）没有违法事实的，或者与案件无关的，应当解除查封、扣押、冻结，并及时返还相关财物；造成损失的，应当依法予以赔偿。

第六十三条　涉案财物符合下列情形之一的，应当依法予以追缴、没收，或者采取措施消除隐患：

（一）违法所得的财物及其孳息、收益，供实施间谍行为所用的本人财物；

（二）非法获取、持有的属于国家秘密的文件、数据、资料、物品；

（三）非法生产、销售、持有、使用的专用间谍器材。

第六十四条　行为人及其近亲属或者其他相关人员，因行为人实施间谍行为从间谍组织及其代理人获取的所有利益，由国家安全机关依法采取追缴、没收等措施。

第六十五条　国家安全机关依法收缴的罚款以及没收的财物，一律上缴国库。

第六十六条　境外人员违反本法的，国务院国家安全主管部门可以决定限期出境，并决定其不准入境的期限。未在规定期限内离境的，可以遣送出境。

对违反本法的境外人员，国务院国家安全主管部门决定驱逐出境的，自被驱逐出境之日起十年内不准入境，国务院国家安全主管部门的处罚决定为最终决定。

第六十七条 国家安全机关作出行政处罚决定之前，应当告知当事人拟作出的行政处罚内容及事实、理由、依据，以及当事人依法享有的陈述、申辩、要求听证等权利，并依照《中华人民共和国行政处罚法》的有关规定实施。

第六十八条 当事人对行政处罚决定、行政强制措施决定、行政许可决定不服的，可以自收到决定书之日起六十日内，依法申请复议；对复议决定不服的，可以自收到复议决定书之日起十五日内，依法向人民法院提起诉讼。

第六十九条 国家安全机关工作人员滥用职权、玩忽职守、徇私舞弊，或者有非法拘禁、刑讯逼供、暴力取证、违反规定泄露国家秘密、工作秘密、商业秘密和个人隐私、个人信息等行为，依法予以处分，构成犯罪的，依法追究刑事责任。

第六章　附　　则

第七十条 国家安全机关依照法律、行政法规和国家有关规定，履行防范、制止和惩治间谍行为以外的危害国家安全行为的职责，适用本法的有关规定。

公安机关在依法履行职责过程中发现、惩治危害国家安全的行为，适用本法的有关规定。

第七十一条 本法自2023年7月1日起施行。

中华人民共和国网络安全法

（2016年11月7日第十二届全国人民代表大会常务委员会第二十四次会议通过
2016年11月7日中华人民共和国主席令第五十三号公布）

目　　录

第一章　总　　则

第一条　为了保障网络安全，维护网络空间主权和国家安全、社会公共利益，保护公民、法人和其他组织的合法权益，促进经济社会信息化健康发展，制定本法。

第二条 在中华人民共和国境内建设、运营、维护和使用网络，以及网络安全的监督管理，适用本法。

第三条 国家坚持网络安全与信息化发展并重，遵循积极利用、科学发展、依法管理、确保安全的方针，推进网络基础设施建设和互联互通，鼓励网络技术创新和应用，支持培养网络安全人才，建立健全网络安全保障体系，提高网络安全保护能力。

第四条 国家制定并不断完善网络安全战略，明确保障网络安全的基本要求和主要目标，提出重点领域的网络安全政策、工作任务和措施。

第五条 国家采取措施，监测、防御、处置来源于中华人民共和国境内外的网络安全风险和威胁，保护关键信息基础设施免受攻击、侵入、干扰和破坏，依法惩治网络违法犯罪活动，维护网络空间安全和秩序。

第六条 国家倡导诚实守信、健康文明的网络行为，推动传播社会主义核心价值观，采取措施提高全社会的网络安全意识和水平，形成全社会共同参与促进网络安全的良好环境。

第七条 国家积极开展网络空间治理、网络技术研发和标准制定、打击网络违法犯罪等方面的国际交流与合作，推动构建和平、安全、开放、合作的网络空间，建立多边、民主、透明的网络治理体系。

第八条 国家网信部门负责统筹协调网络安全工作和相关监督管理工作。国务院电信主管部门、公安部门和其他有关机关依照本法和有关法律、行政法规的规定，在各自职责范围内负责网络安全保护和监督管理工作。

县级以上地方人民政府有关部门的网络安全保护和监督管理职

责，按照国家有关规定确定。

第九条　网络运营者开展经营和服务活动，必须遵守法律、行政法规，尊重社会公德，遵守商业道德，诚实信用，履行网络安全保护义务，接受政府和社会的监督，承担社会责任。

第十条　建设、运营网络或者通过网络提供服务，应当依照法律、行政法规的规定和国家标准的强制性要求，采取技术措施和其他必要措施，保障网络安全、稳定运行，有效应对网络安全事件，防范网络违法犯罪活动，维护网络数据的完整性、保密性和可用性。

第十一条　网络相关行业组织按照章程，加强行业自律，制定网络安全行为规范，指导会员加强网络安全保护，提高网络安全保护水平，促进行业健康发展。

第十二条　国家保护公民、法人和其他组织依法使用网络的权利，促进网络接入普及，提升网络服务水平，为社会提供安全、便利的网络服务，保障网络信息依法有序自由流动。

任何个人和组织使用网络应当遵守宪法法律，遵守公共秩序，尊重社会公德，不得危害网络安全，不得利用网络从事危害国家安全、荣誉和利益，煽动颠覆国家政权、推翻社会主义制度，煽动分裂国家、破坏国家统一，宣扬恐怖主义、极端主义，宣扬民族仇恨、民族歧视，传播暴力、淫秽色情信息，编造、传播虚假信息扰乱经济秩序和社会秩序，以及侵害他人名誉、隐私、知识产权和其他合法权益等活动。

第十三条　国家支持研究开发有利于未成年人健康成长的网络产品和服务，依法惩治利用网络从事危害未成年人身心健康的活动，为未成年人提供安全、健康的网络环境。

第十四条 任何个人和组织有权对危害网络安全的行为向网信、电信、公安等部门举报。收到举报的部门应当及时依法作出处理；不属于本部门职责的，应当及时移送有权处理的部门。

有关部门应当对举报人的相关信息予以保密，保护举报人的合法权益。

第二章 网络安全支持与促进

第十五条 国家建立和完善网络安全标准体系。国务院标准化行政主管部门和国务院其他有关部门根据各自的职责，组织制定并适时修订有关网络安全管理以及网络产品、服务和运行安全的国家标准、行业标准。

国家支持企业、研究机构、高等学校、网络相关行业组织参与网络安全国家标准、行业标准的制定。

第十六条 国务院和省、自治区、直辖市人民政府应当统筹规划，加大投入，扶持重点网络安全技术产业和项目，支持网络安全技术的研究开发和应用，推广安全可信的网络产品和服务，保护网络技术知识产权，支持企业、研究机构和高等学校等参与国家网络安全技术创新项目。

第十七条 国家推进网络安全社会化服务体系建设，鼓励有关企业、机构开展网络安全认证、检测和风险评估等安全服务。

第十八条 国家鼓励开发网络数据安全保护和利用技术，促进公共数据资源开放，推动技术创新和经济社会发展。

国家支持创新网络安全管理方式，运用网络新技术，提升网络安全保护水平。

第十九条　各级人民政府及其有关部门应当组织开展经常性的网络安全宣传教育，并指导、督促有关单位做好网络安全宣传教育工作。

大众传播媒介应当有针对性地面向社会进行网络安全宣传教育。

第二十条　国家支持企业和高等学校、职业学校等教育培训机构开展网络安全相关教育与培训，采取多种方式培养网络安全人才，促进网络安全人才交流。

第三章　网络运行安全

第一节　一般规定

第二十一条　国家实行网络安全等级保护制度。网络运营者应当按照网络安全等级保护制度的要求，履行下列安全保护义务，保障网络免受干扰、破坏或者未经授权的访问，防止网络数据泄露或者被窃取、篡改：

（一）制定内部安全管理制度和操作规程，确定网络安全负责人，落实网络安全保护责任；

（二）采取防范计算机病毒和网络攻击、网络侵入等危害网络安全行为的技术措施；

（三）采取监测、记录网络运行状态、网络安全事件的技术措施，并按照规定留存相关的网络日志不少于六个月；

（四）采取数据分类、重要数据备份和加密等措施；

（五）法律、行政法规规定的其他义务。

第二十二条 网络产品、服务应当符合相关国家标准的强制性要求。网络产品、服务的提供者不得设置恶意程序；发现其网络产品、服务存在安全缺陷、漏洞等风险时，应当立即采取补救措施，按照规定及时告知用户并向有关主管部门报告。

网络产品、服务的提供者应当为其产品、服务持续提供安全维护；在规定或者当事人约定的期限内，不得终止提供安全维护。

网络产品、服务具有收集用户信息功能的，其提供者应当向用户明示并取得同意；涉及用户个人信息的，还应当遵守本法和有关法律、行政法规关于个人信息保护的规定。

第二十三条 网络关键设备和网络安全专用产品应当按照相关国家标准的强制性要求，由具备资格的机构安全认证合格或者安全检测符合要求后，方可销售或者提供。国家网信部门会同国务院有关部门制定、公布网络关键设备和网络安全专用产品目录，并推动安全认证和安全检测结果互认，避免重复认证、检测。

第二十四条 网络运营者为用户办理网络接入、域名注册服务，办理固定电话、移动电话等入网手续，或者为用户提供信息发布、即时通讯等服务，在与用户签订协议或者确认提供服务时，应当要求用户提供真实身份信息。用户不提供真实身份信息的，网络运营者不得为其提供相关服务。

国家实施网络可信身份战略，支持研究开发安全、方便的电子身份认证技术，推动不同电子身份认证之间的互认。

第二十五条 网络运营者应当制定网络安全事件应急预案，及时处置系统漏洞、计算机病毒、网络攻击、网络侵入等安全风险；在发生危害网络安全的事件时，立即启动应急预案，采取相应的补救措施，并按照规定向有关主管部门报告。

第二十六条　开展网络安全认证、检测、风险评估等活动，向社会发布系统漏洞、计算机病毒、网络攻击、网络侵入等网络安全信息，应当遵守国家有关规定。

第二十七条　任何个人和组织不得从事非法侵入他人网络、干扰他人网络正常功能、窃取网络数据等危害网络安全的活动；不得提供专门用于从事侵入网络、干扰网络正常功能及防护措施、窃取网络数据等危害网络安全活动的程序、工具；明知他人从事危害网络安全的活动的，不得为其提供技术支持、广告推广、支付结算等帮助。

第二十八条　网络运营者应当为公安机关、国家安全机关依法维护国家安全和侦查犯罪的活动提供技术支持和协助。

第二十九条　国家支持网络运营者之间在网络安全信息收集、分析、通报和应急处置等方面进行合作，提高网络运营者的安全保障能力。

有关行业组织建立健全本行业的网络安全保护规范和协作机制，加强对网络安全风险的分析评估，定期向会员进行风险警示，支持、协助会员应对网络安全风险。

第三十条　网信部门和有关部门在履行网络安全保护职责中获取的信息，只能用于维护网络安全的需要，不得用于其他用途。

第二节　关键信息基础设施的运行安全

第三十一条　国家对公共通信和信息服务、能源、交通、水利、金融、公共服务、电子政务等重要行业和领域，以及其他一旦遭到破坏、丧失功能或者数据泄露，可能严重危害国家安全、国计民生、公共利益的关键信息基础设施，在网络安全等级保护制度的基础上，实行重点保护。关键信息基础设施的具体范围和安全保护办法由国务院制定。

国家鼓励关键信息基础设施以外的网络运营者自愿参与关键信息基础设施保护体系。

第三十二条 按照国务院规定的职责分工，负责关键信息基础设施安全保护工作的部门分别编制并组织实施本行业、本领域的关键信息基础设施安全规划，指导和监督关键信息基础设施运行安全保护工作。

第三十三条 建设关键信息基础设施应当确保其具有支持业务稳定、持续运行的性能，并保证安全技术措施同步规划、同步建设、同步使用。

第三十四条 除本法第二十一条的规定外，关键信息基础设施的运营者还应当履行下列安全保护义务：

（一）设置专门安全管理机构和安全管理负责人，并对该负责人和关键岗位的人员进行安全背景审查；

（二）定期对从业人员进行网络安全教育、技术培训和技能考核；

（三）对重要系统和数据库进行容灾备份；

（四）制定网络安全事件应急预案，并定期进行演练；

（五）法律、行政法规规定的其他义务。

第三十五条 关键信息基础设施的运营者采购网络产品和服

务，可能影响国家安全的，应当通过国家网信部门会同国务院有关部门组织的国家安全审查。

第三十六条　关键信息基础设施的运营者采购网络产品和服务，应当按照规定与提供者签订安全保密协议，明确安全和保密义务与责任。

第三十七条　关键信息基础设施的运营者在中华人民共和国境内运营中收集和产生的个人信息和重要数据应当在境内存储。因业务需要，确需向境外提供的，应当按照国家网信部门会同国务院有关部门制定的办法进行安全评估；法律、行政法规另有规定的，依照其规定。

第三十八条　关键信息基础设施的运营者应当自行或者委托网络安全服务机构对其网络的安全性和可能存在的风险每年至少进行一次检测评估，并将检测评估情况和改进措施报送相关负责关键信息基础设施安全保护工作的部门。

第三十九条　国家网信部门应当统筹协调有关部门对关键信息基础设施的安全保护采取下列措施：

（一）对关键信息基础设施的安全风险进行抽查检测，提出改进措施，必要时可以委托网络安全服务机构对网络存在的安全风险进行检测评估；

（二）定期组织关键信息基础设施的运营者进行网络安全应急演练，提高应对网络安全事件的水平和协同配合能力；

（三）促进有关部门、关键信息基础设施的运营者以及有关研究机构、网络安全服务机构等之间的网络安全信息共享；

（四）对网络安全事件的应急处置与网络功能的恢复等，提供技术支持和协助。

第四章　网络信息安全

第四十条　网络运营者应当对其收集的用户信息严格保密，并建立健全用户信息保护制度。

第四十一条　网络运营者收集、使用个人信息，应当遵循合法、正当、必要的原则，公开收集、使用规则，明示收集、使用信息的目的、方式和范围，并经被收集者同意。

网络运营者不得收集与其提供的服务无关的个人信息，不得违反法律、行政法规的规定和双方的约定收集、使用个人信息，并应当依照法律、行政法规的规定和与用户的约定，处理其保存的个人信息。

第四十二条　网络运营者不得泄露、篡改、毁损其收集的个人信息；未经被收集者同意，不得向他人提供个人信息。但是，经过处理无法识别特定个人且不能复原的除外。

网络运营者应当采取技术措施和其他必要措施，确保其收集的个人信息安全，防止信息泄露、毁损、丢失。在发生或者可能发生个人信息泄露、毁损、丢失的情况时，应当立即采取补救措施，按照规定及时告知用户并向有关主管部门报告。

第四十三条　个人发现网络运营者违反法律、行政法规的规定或者双方的约定收集、使用其个人信息的，有权要求网络运营者删除其个人信息；发现网络运营者收集、存储的其个人信息有错误的，有权要求网络运营者予以更正。网络运营者应当采取措施予以删除或者更正。

第四十四条　任何个人和组织不得窃取或者以其他非法方式获取个人信息，不得非法出售或者非法向他人提供个人信息。

第四十五条　依法负有网络安全监督管理职责的部门及其工作人员，必须对在履行职责中知悉的个人信息、隐私和商业秘密严格保密，不得泄露、出售或者非法向他人提供。

第四十六条　任何个人和组织应当对其使用网络的行为负责，不得设立用于实施诈骗，传授犯罪方法，制作或者销售违禁物品、管制物品等违法犯罪活动的网站、通讯群组，不得利用网络发布涉及实施诈骗，制作或者销售违禁物品、管制物品以及其他违法犯罪活动的信息。

第四十七条　网络运营者应当加强对其用户发布的信息的管理，发现法律、行政法规禁止发布或者传输的信息的，应当立即停止传输该信息，采取消除等处置措施，防止信息扩散，保存有关记录，并向有关主管部门报告。

第四十八条　任何个人和组织发送的电子信息、提供的应用软件，不得设置恶意程序，不得含有法律、行政法规禁止发布或者传输的信息。

电子信息发送服务提供者和应用软件下载服务提供者，应当履行安全管理义务，知道其用户有前款规定行为的，应当停止提供服务，采取消除等处置措施，保存有关记录，并向有关主管部门报告。

第四十九条　网络运营者应当建立网络信息安全投诉、举报制度，公布投诉、举报方式等信息，及时受理并处理有关网络信息安全的投诉和举报。

网络运营者对网信部门和有关部门依法实施的监督检查，应当予以配合。

第五十条 国家网信部门和有关部门依法履行网络信息安全监督管理职责，发现法律、行政法规禁止发布或者传输的信息的，应当要求网络运营者停止传输，采取消除等处置措施，保存有关记录；对来源于中华人民共和国境外的上述信息，应当通知有关机构采取技术措施和其他必要措施阻断传播。

第五章 监测预警与应急处置

第五十一条 国家建立网络安全监测预警和信息通报制度。国家网信部门应当统筹协调有关部门加强网络安全信息收集、分析和通报工作，按照规定统一发布网络安全监测预警信息。

第五十二条 负责关键信息基础设施安全保护工作的部门，应当建立健全本行业、本领域的网络安全监测预警和信息通报制度，并按照规定报送网络安全监测预警信息。

第五十三条 国家网信部门协调有关部门建立健全网络安全风险评估和应急工作机制，制定网络安全事件应急预案，并定期组织演练。

负责关键信息基础设施安全保护工作的部门应当制定本行业、本领域的网络安全事件应急预案，并定期组织演练。

网络安全事件应急预案应当按照事件发生后的危害程度、影响范围等因素对网络安全事件进行分级，并规定相应的应急处置措施。

第五十四条 网络安全事件发生的风险增大时，省级以上人民政府有关部门应当按照规定的权限和程序，并根据网络安全风险的特点和可能造成的危害，采取下列措施：

（一）要求有关部门、机构和人员及时收集、报告有关信息，加强对网络安全风险的监测；

（二）组织有关部门、机构和专业人员，对网络安全风险信息进行分析评估，预测事件发生的可能性、影响范围和危害程度；

（三）向社会发布网络安全风险预警，发布避免、减轻危害的措施。

第五十五条 发生网络安全事件，应当立即启动网络安全事件应急预案，对网络安全事件进行调查和评估，要求网络运营者采取技术措施和其他必要措施，消除安全隐患，防止危害扩大，并及时向社会发布与公众有关的警示信息。

第五十六条 省级以上人民政府有关部门在履行网络安全监督管理职责中，发现网络存在较大安全风险或者发生安全事件的，可以按照规定的权限和程序对该网络的运营者的法定代表人或者主要负责人进行约谈。网络运营者应当按照要求采取措施，进行整改，消除隐患。

第五十七条 因网络安全事件，发生突发事件或者生产安全事故的，应当依照《中华人民共和国突发事件应对法》、《中华人民共和国安全生产法》等有关法律、行政法规的规定处置。

第五十八条 因维护国家安全和社会公共秩序，处置重大突发社会安全事件的需要，经国务院决定或者批准，可以在特定区域对网络通信采取限制等临时措施。

第六章　法律责任

第五十九条　网络运营者不履行本法第二十一条、第二十五条规定的网络安全保护义务的，由有关主管部门责令改正，给予警告；拒不改正或者导致危害网络安全等后果的，处一万元以上十万元以下罚款，对直接负责的主管人员处五千元以上五万元以下罚款。

关键信息基础设施的运营者不履行本法第三十三条、第三十四条、第三十六条、第三十八条规定的网络安全保护义务的，由有关主管部门责令改正，给予警告；拒不改正或者导致危害网络安全等后果的，处十万元以上一百万元以下罚款，对直接负责的主管人员处一万元以上十万元以下罚款。

第六十条　违反本法第二十二条第一款、第二款和第四十八条第一款规定，有下列行为之一的，由有关主管部门责令改正，给予警告；拒不改正或者导致危害网络安全等后果的，处五万元以上五十万元以下罚款，对直接负责的主管人员处一万元以上十万元以下罚款：

（一）设置恶意程序的；

（二）对其产品、服务存在的安全缺陷、漏洞等风险未立即采取补救措施，或者未按照规定及时告知用户并向有关主管部门报告的；

（三）擅自终止为其产品、服务提供安全维护的。

第六十一条　网络运营者违反本法第二十四条第一款规定，未要求用户提供真实身份信息，或者对不提供真实身份信息的用户提供相关服务的，由有关主管部门责令改正；拒不改正或者情节严重的，处五万元以上五十万元以下罚款，并可以由有关主管部门责令暂停相关业务、停业整顿、关闭网站、吊销相关业务许可证或者吊销营业执照，对直接负责的主管人员和其他直接责任人员处一万元以上十万元以下罚款。

第六十二条　违反本法第二十六条规定，开展网络安全认证、检测、风险评估等活动，或者向社会发布系统漏洞、计算机病毒、网络攻击、网络侵入等网络安全信息的，由有关主管部门责令改正，给予警告；拒不改正或者情节严重的，处一万元以上十万元以下罚款，并可以由有关主管部门责令暂停相关业务、停业整顿、关闭网站、吊销相关业务许可证或者吊销营业执照，对直接负责的主管人员和其他直接责任人员处五千元以上五万元以下罚款。

第六十三条　违反本法第二十七条规定，从事危害网络安全的活动，或者提供专门用于从事危害网络安全活动的程序、工具，或者为他人从事危害网络安全的活动提供技术支持、广告推广、支付结算等帮助，尚不构成犯罪的，由公安机关没收违法所得，处五日以下拘留，可以并处五万元以上五十万元以下罚款；情节较重的，处五日以上十五日以下拘留，可以并处十万元以上一百万元以下罚款。

单位有前款行为的，由公安机关没收违法所得，处十万元以上一百万元以下罚款，并对直接负责的主管人员和其他直接责任人员依照前款规定处罚。

违反本法第二十七条规定，受到治安管理处罚的人员，五年内不得从事网络安全管理和网络运营关键岗位的工作；受到刑事处罚的人员，终身不得从事网络安全管理和网络运营关键岗位的工作。

第六十四条 网络运营者、网络产品或者服务的提供者违反本法第二十二条第三款、第四十一条至第四十三条规定，侵害个人信息依法得到保护的权利的，由有关主管部门责令改正，可以根据情节单处或者并处警告、没收违法所得、处违法所得一倍以上十倍以下罚款，没有违法所得的，处一百万元以下罚款，对直接负责的主管人员和其他直接责任人员处一万元以上十万元以下罚款；情节严重的，并可以责令暂停相关业务、停业整顿、关闭网站、吊销相关业务许可证或者吊销营业执照。

违反本法第四十四条规定，窃取或者以其他非法方式获取、非法出售或者非法向他人提供个人信息，尚不构成犯罪的，由公安机关没收违法所得，并处违法所得一倍以上十倍以下罚款，没有违法所得的，处一百万元以下罚款。

第六十五条 关键信息基础设施的运营者违反本法第三十五条规定，使用未经安全审查或者安全审查未通过的网络产品或者服务的，由有关主管部门责令停止使用，处采购金额一倍以上十倍以下罚款；对直接负责的主管人员和其他直接责任人员处一万元以上十万元以下罚款。

第六十六条 关键信息基础设施的运营者违反本法第三十七条规定，在境外存储网络数据，或者向境外提供网络数据的，由有关主管部门责令改正，给予警告，没收违法所得，处五万元以上五十万元以下罚款，并可以责令暂停相关业务、停业整顿、关闭网站、吊销相关业务许可证或者吊销营业执照；对直接负责的主管人员和其他直接责任人员处一万元以上十万元以下罚款。

第六十七条 违反本法第四十六条规定，设立用于实施违法犯罪活动的网站、通讯群组，或者利用网络发布涉及实施违法犯罪活动的信息，尚不构成犯罪的，由公安机关处五日以下拘留，可以并处一万元以上十万元以下罚款；情节较重的，处五日以上十五日以下拘留，可以并处五万元以上五十万元以下罚款。关闭用于实施违法犯罪活动的网站、通讯群组。

单位有前款行为的，由公安机关处十万元以上五十万元以下罚款，并对直接负责的主管人员和其他直接责任人员依照前款规定处罚。

第六十八条 网络运营者违反本法第四十七条规定，对法律、行政法规禁止发布或者传输的信息未停止传输、采取消除等处置措施、保存有关记录的，由有关主管部门责令改正，给予警告，没收违法所得；拒不改正或者情节严重的，处十万元以上五十万元以下罚款，并可以责令暂停相关业务、停业整顿、关闭网站、吊销相关业务许可证或者吊销营业执照，对直接负责的主管人员和其他直接责任人员处一万元以上十万元以下罚款。

电子信息发送服务提供者、应用软件下载服务提供者，不履行本法第四十八条第二款规定的安全管理义务的，依照前款规定处罚。

第六十九条 网络运营者违反本法规定，有下列行为之一的，由有关主管部门责令改正；拒不改正或者情节严重的，处五万元以上五十万元以下罚款，对直接负责的主管人员和其他直接责任人员，处一万元以上十万元以下罚款：

（一）不按照有关部门的要求对法律、行政法规禁止发布或者传输的信息，采取停止传输、消除等处置措施的；

（二）拒绝、阻碍有关部门依法实施的监督检查的；

（三）拒不向公安机关、国家安全机关提供技术支持和协助的。

第七十条 发布或者传输本法第十二条第二款和其他法律、行政法规禁止发布或者传输的信息的，依照有关法律、行政法规的规定处罚。

第七十一条 有本法规定的违法行为的，依照有关法律、行政法规的规定记入信用档案，并予以公示。

第七十二条 国家机关政务网络的运营者不履行本法规定的网络安全保护义务的，由其上级机关或者有关机关责令改正；对直接负责的主管人员和其他直接责任人员依法给予处分。

第七十三条 网信部门和有关部门违反本法第三十条规定，将在履行网络安全保护职责中获取的信息用于其他用途的，对直接负责的主管人员和其他直接责任人员依法给予处分。

网信部门和有关部门的工作人员玩忽职守、滥用职权、徇私舞弊，尚不构成犯罪的，依法给予处分。

第七十四条 违反本法规定，给他人造成损害的，依法承担民事责任。

违反本法规定，构成违反治安管理行为的，依法给予治安管理处罚；构成犯罪的，依法追究刑事责任。

第七十五条 境外的机构、组织、个人从事攻击、侵入、干扰、破坏等危害中华人民共和国的关键信息基础设施的活动，造成严重后果的，依法追究法律责任；国务院公安部门和有关部门并可以决定对该机构、组织、个人采取冻结财产或者其他必要的制裁措施。

第七章 附 则

第七十六条 本法下列用语的含义：

（一）网络，是指由计算机或者其他信息终端及相关设备组成的按照一定的规则和程序对信息进行收集、存储、传输、交换、处理的系统。

（二）网络安全，是指通过采取必要措施，防范对网络的攻击、侵入、干扰、破坏和非法使用以及意外事故，使网络处于稳定可靠运行的状态，以及保障网络数据的完整性、保密性、可用性的能力。

（三）网络运营者，是指网络的所有者、管理者和网络服务提供者。

（四）网络数据，是指通过网络收集、存储、传输、处理和产生的各种电子数据。

（五）个人信息，是指以电子或者其他方式记录的能够单独或者与其他信息结合识别自然人个人身份的各种信息，包括但不限于自然人的姓名、出生日期、身份证件号码、个人生物识别信息、住址、电话号码等。

第七十七条 存储、处理涉及国家秘密信息的网络的运行安全保护，除应当遵守本法外，还应当遵守保密法律、行政法规的规定。

第七十八条 军事网络的安全保护，由中央军事委员会另行规定。

第七十九条 本法自2017年6月1日起施行。

中华人民共和国密码法

（2019年10月26日第十三届全国人民代表大会常务委员会第十四次会议通过
2019年10月26日中华人民共和国主席令第三十五号公布）

目　　录

第一章　总　　则

第一条　为了规范密码应用和管理，促进密码事业发展，保障网络与信息安全，维护国家安全和社会公共利益，保护公民、法人和其他组织的合法权益，制定本法。

第二条　本法所称密码，是指采用特定变换的方法对信息等进行加密保护、安全认证的技术、产品和服务。

第三条　密码工作坚持总体国家安全观，遵循统一领导、分级负责，创新发展、服务大局，依法管理、保障安全的原则。

第四条　坚持中国共产党对密码工作的领导。中央密码工作领导机构对全国密码工作实行统一领导，制定国家密码工作重大方针政策，统筹协调国家密码重大事项和重要工作，推进国家密码法治建设。

第五条　国家密码管理部门负责管理全国的密码工作。县级以上地方各级密码管理部门负责管理本行政区域的密码工作。

国家机关和涉及密码工作的单位在其职责范围内负责本机关、本单位或者本系统的密码工作。

第六条　国家对密码实行分类管理。

密码分为核心密码、普通密码和商用密码。

第七条　核心密码、普通密码用于保护国家秘密信息，核心密码保护信息的最高密级为绝密级，普通密码保护信息的最高密级为机密级。

核心密码、普通密码属于国家秘密。密码管理部门依照本法和有关法律、行政法规、国家有关规定对核心密码、普通密码实行严格统一管理。

第八条　商用密码用于保护不属于国家秘密的信息。

公民、法人和其他组织可以依法使用商用密码保护网络与信息安全。

第九条　国家鼓励和支持密码科学技术研究和应用，依法保护密码领域的知识产权，促进密码科学技术进步和创新。

国家加强密码人才培养和队伍建设，对在密码工作中作出突出贡献的组织和个人，按照国家有关规定给予表彰和奖励。

第十条　国家采取多种形式加强密码安全教育，将密码安全教育纳入国民教育体系和公务员教育培训体系，增强公民、法人和其他组织的密码安全意识。

第十一条　县级以上人民政府应当将密码工作纳入本级国民经济和社会发展规划，所需经费列入本级财政预算。

第十二条　任何组织或者个人不得窃取他人加密保护的信息或者非法侵入他人的密码保障系统。

任何组织或者个人不得利用密码从事危害国家安全、社会公共利益、他人合法权益等违法犯罪活动。

第二章　核心密码、普通密码

第十三条　国家加强核心密码、普通密码的科学规划、管理和使用，加强制度建设，完善管理措施，增强密码安全保障能力。

第十四条　在有线、无线通信中传递的国家秘密信息，以及存储、处理国家秘密信息的信息系统，应当依照法律、行政法规和国家有关规定使用核心密码、普通密码进行加密保护、安全认证。

第十五条　从事核心密码、普通密码科研、生产、服务、检测、装备、使用和销毁等工作的机构（以下统称密码工作机构）应当按照法律、行政法规、国家有关规定以及核心密码、普通密码标准的要求，建立健全安全管理制度，采取严格的保密措施和保密责任制，确保核心密码、普通密码的安全。

第十六条　密码管理部门依法对密码工作机构的核心密码、普通密码工作进行指导、监督和检查，密码工作机构应当配合。

第十七条　密码管理部门根据工作需要会同有关部门建立核心

密码、普通密码的安全监测预警、安全风险评估、信息通报、重大事项会商和应急处置等协作机制，确保核心密码、普通密码安全管理的协同联动和有序高效。

密码工作机构发现核心密码、普通密码泄密或者影响核心密码、普通密码安全的重大问题、风险隐患的，应当立即采取应对措施，并及时向保密行政管理部门、密码管理部门报告，由保密行政管理部门、密码管理部门会同有关部门组织开展调查、处置，并指导有关密码工作机构及时消除安全隐患。

第十八条 国家加强密码工作机构建设，保障其履行工作职责。

国家建立适应核心密码、普通密码工作需要的人员录用、选调、保密、考核、培训、待遇、奖惩、交流、退出等管理制度。

第十九条 密码管理部门因工作需要，按照国家有关规定，可以提请公安、交通运输、海关等部门对核心密码、普通密码有关物品和人员提供免检等便利，有关部门应当予以协助。

第二十条 密码管理部门和密码工作机构应当建立健全严格的监督和安全审查制度，对其工作人员遵守法律和纪律等情况进行监督，并依法采取必要措施，定期或者不定期组织开展安全审查。

第三章 商用密码

第二十一条 国家鼓励商用密码技术的研究开发、学术交流、成果转化和推广应用，健全统一、开放、竞争、有序的商用密码市场体系，鼓励和促进商用密码产业发展。

各级人民政府及其有关部门应当遵循非歧视原则，依法平等对待包括外商投资企业在内的商用密码科研、生产、销售、服务、进出口等单位（以下统称商用密码从业单位）。国家鼓励在外商投资过程中基于自愿原则和商业规则开展商用密码技术合作。行政机关及其工作人员不得利用行政手段强制转让商用密码技术。

商用密码的科研、生产、销售、服务和进出口，不得损害国家安全、社会公共利益或者他人合法权益。

第二十二条 国家建立和完善商用密码标准体系。

国务院标准化行政主管部门和国家密码管理部门依据各自职责，组织制定商用密码国家标准、行业标准。

国家支持社会团体、企业利用自主创新技术制定高于国家标准、行业标准相关技术要求的商用密码团体标准、企业标准。

第二十三条 国家推动参与商用密码国际标准化活动，参与制定商用密码国际标准，推进商用密码中国标准与国外标准之间的转化运用。

国家鼓励企业、社会团体和教育、科研机构等参与商用密码国际标准化活动。

第二十四条 商用密码从业单位开展商用密码活动，应当符合有关法律、行政法规、商用密码强制性国家标准以及该从业单位公开标准的技术要求。

国家鼓励商用密码从业单位采用商用密码推荐性国家标准、行业标准，提升商用密码的防护能力，维护用户的合法权益。

第二十五条 国家推进商用密码检测认证体系建设，制定商用密码检测认证技术规范、规则，鼓励商用密码从业单位自愿接受商用密码检测认证，提升市场竞争力。

商用密码检测、认证机构应当依法取得相关资质，并依照法律、行政法规的规定和商用密码检测认证技术规范、规则开展商用密码检测认证。

商用密码检测、认证机构应当对其在商用密码检测认证中所知悉的国家秘密和商业秘密承担保密义务。

第二十六条 涉及国家安全、国计民生、社会公共利益的商用密码产品，应当依法列入网络关键设备和网络安全专用产品目录，由具备资格的机构检测认证合格后，方可销售或者提供。商用密码产品检测认证适用《中华人民共和国网络安全法》的有关规定，避免重复检测认证。

商用密码服务使用网络关键设备和网络安全专用产品的，应当经商用密码认证机构对该商用密码服务认证合格。

第二十七条 法律、行政法规和国家有关规定要求使用商用密码进行保护的关键信息基础设施，其运营者应当使用商用密码进行保护，自行或者委托商用密码检测机构开展商用密码应用安全性评估。商用密码应用安全性评估应当与关键信息基础设施安全检测评估、网络安全等级测评制度相衔接，避免重复评估、测评。

关键信息基础设施的运营者采购涉及商用密码的网络产品和服务，可能影响国家安全的，应当按照《中华人民共和国网络安全法》的规定，通过国家网信部门会同国家密码管理部门等有关部门组织的国家安全审查。

第二十八条 国务院商务主管部门、国家密码管理部门依法对涉及国家安全、社会公共利益且具有加密保护功能的商用密码实施进口许可，对涉及国家安全、社会公共利益或者中国承担国际义务的商用密码实施出口管制。商用密码进口许可清单和出口管制清单由国务院商务主管部门会同国家密码管理部门和海关总署制定并公布。

大众消费类产品所采用的商用密码不实行进口许可和出口管制制度。

第二十九条　国家密码管理部门对采用商用密码技术从事电子政务电子认证服务的机构进行认定，会同有关部门负责政务活动中使用电子签名、数据电文的管理。

第三十条　商用密码领域的行业协会等组织依照法律、行政法规及其章程的规定，为商用密码从业单位提供信息、技术、培训等服务，引导和督促商用密码从业单位依法开展商用密码活动，加强行业自律，推动行业诚信建设，促进行业健康发展。

第三十一条　密码管理部门和有关部门建立日常监管和随机抽查相结合的商用密码事中事后监管制度，建立统一的商用密码监督管理信息平台，推进事中事后监管与社会信用体系相衔接，强化商用密码从业单位自律和社会监督。

密码管理部门和有关部门及其工作人员不得要求商用密码从业单位和商用密码检测、认证机构向其披露源代码等密码相关专有信息，并对其在履行职责中知悉的商业秘密和个人隐私严格保密，不得泄露或者非法向他人提供。

第四章　法律责任

第三十二条　违反本法第十二条规定，窃取他人加密保护的信息，非法侵入他人的密码保障系统，或者利用密码从事危害国家安全、社会公共利益、他人合法权益等违法活动的，由有关部门依照《中华人民共和国网络安全法》和其他有关法律、行政法规的规定追究法律责任。

第三十三条 违反本法第十四条规定，未按照要求使用核心密码、普通密码的，由密码管理部门责令改正或者停止违法行为，给予警告；情节严重的，由密码管理部门建议有关国家机关、单位对直接负责的主管人员和其他直接责任人员依法给予处分或者处理。

第三十四条 违反本法规定，发生核心密码、普通密码泄密案件的，由保密行政管理部门、密码管理部门建议有关国家机关、单位对直接负责的主管人员和其他直接责任人员依法给予处分或者处理。

违反本法第十七条第二款规定，发现核心密码、普通密码泄密或者影响核心密码、普通密码安全的重大问题、风险隐患，未立即采取应对措施，或者未及时报告的，由保密行政管理部门、密码管理部门建议有关国家机关、单位对直接负责的主管人员和其他直接责任人员依法给予处分或者处理。

第三十五条 商用密码检测、认证机构违反本法第二十五条第二款、第三款规定开展商用密码检测认证的，由市场监督管理部门会同密码管理部门责令改正或者停止违法行为，给予警告，没收违法所得；违法所得三十万元以上的，可以并处违法所得一倍以上三倍以下罚款；没有违法所得或者违法所得不足三十万元的，可以并处十万元以上三十万元以下罚款；情节严重的，依法吊销相关资质。

第三十六条 违反本法第二十六条规定，销售或者提供未经检测认证或者检测认证不合格的商用密码产品，或者提供未经认证或者认证不合格的商用密码服务的，由市场监督管理部门会同密码管理部门责令改正或者停止违法行为，给予警告，没收违法产品和违法所得；违法所得十万元以上的，可以并处违法所得一倍以上三倍以下罚款；没有违法所得或者违法所得不足十万元的，可以并处三万元以上十万元以下罚款。

第三十七条 关键信息基础设施的运营者违反本法第二十七条第一款规定，未按照要求使用商用密码，或者未按照要求开展商用密码应用安全性评估的，由密码管理部门责令改正，给予警告；拒不改正或者导致危害网络安全等后果的，处十万元以上一百万元以下罚款，对直接负责的主管人员处一万元以上十万元以下罚款。

关键信息基础设施的运营者违反本法第二十七条第二款规定，使用未经安全审查或者安全审查未通过的产品或者服务的，由有关主管部门责令停止使用，处采购金额一倍以上十倍以下罚款；对直接负责的主管人员和其他直接责任人员处一万元以上十万元以下罚款。

第三十八条 违反本法第二十八条实施进口许可、出口管制的规定，进出口商用密码的，由国务院商务主管部门或者海关依法予以处罚。

第三十九条 违反本法第二十九条规定，未经认定从事电子政务电子认证服务的，由密码管理部门责令改正或者停止违法行为，给予警告，没收违法产品和违法所得；违法所得三十万元以上的，可以并处违法所得一倍以上三倍以下罚款；没有违法所得或者违法所得不足三十万元的，可以并处十万元以上三十万元以下罚款。

第四十条　密码管理部门和有关部门、单位的工作人员在密码工作中滥用职权、玩忽职守、徇私舞弊，或者泄露、非法向他人提供在履行职责中知悉的商业秘密和个人隐私的，依法给予处分。

第四十一条　违反本法规定，构成犯罪的，依法追究刑事责任；给他人造成损害的，依法承担民事责任。

第五章　附　　则

第四十二条　国家密码管理部门依照法律、行政法规的规定，制定密码管理规章。

第四十三条　中国人民解放军和中国人民武装警察部队的密码工作管理办法，由中央军事委员会根据本法制定。

第四十四条　本法自2020年1月1日起施行。

中华人民共和国数据安全法

（2021年6月10日第十三届全国人民代表大会常务委员会第二十九次会议通过
2021年6月10日中华人民共和国主席令第八十四号公布）

目　　录

第一章　总　　则

第一条　为了规范数据处理活动，保障数据安全，促进数据开发利用，保护个人、组织的合法权益，维护国家主权、安全和发展利益，制定本法。

第二条　在中华人民共和国境内开展数据处理活动及其安全监管，适用本法。

在中华人民共和国境外开展数据处理活动，损害中华人民共和国国家安全、公共利益或者公民、组织合法权益的，依法追究法律责任。

第三条 本法所称数据，是指任何以电子或者其他方式对信息的记录。

数据处理，包括数据的收集、存储、使用、加工、传输、提供、公开等。

数据安全，是指通过采取必要措施，确保数据处于有效保护和合法利用的状态，以及具备保障持续安全状态的能力。

第四条 维护数据安全，应当坚持总体国家安全观，建立健全数据安全治理体系，提高数据安全保障能力。

第五条 中央国家安全领导机构负责国家数据安全工作的决策和议事协调，研究制定、指导实施国家数据安全战略和有关重大方针政策，统筹协调国家数据安全的重大事项和重要工作，建立国家数据安全工作协调机制。

第六条 各地区、各部门对本地区、本部门工作中收集和产生的数据及数据安全负责。

工业、电信、交通、金融、自然资源、卫生健康、教育、科技等主管部门承担本行业、本领域数据安全监管职责。

公安机关、国家安全机关等依照本法和有关法律、行政法规的规定，在各自职责范围内承担数据安全监管职责。

国家网信部门依照本法和有关法律、行政法规的规定，负责统筹协调网络数据安全和相关监管工作。

第七条 国家保护个人、组织与数据有关的权益，鼓励数据依法合理有效利用，保障数据依法有序自由流动，促进以数据为关键要素的数字经济发展。

第八条　开展数据处理活动，应当遵守法律、法规，尊重社会公德和伦理，遵守商业道德和职业道德，诚实守信，履行数据安全保护义务，承担社会责任，不得危害国家安全、公共利益，不得损害个人、组织的合法权益。

第九条　国家支持开展数据安全知识宣传普及，提高全社会的数据安全保护意识和水平，推动有关部门、行业组织、科研机构、企业、个人等共同参与数据安全保护工作，形成全社会共同维护数据安全和促进发展的良好环境。

第十条　相关行业组织按照章程，依法制定数据安全行为规范和团体标准，加强行业自律，指导会员加强数据安全保护，提高数据安全保护水平，促进行业健康发展。

第十一条　国家积极开展数据安全治理、数据开发利用等领域的国际交流与合作，参与数据安全相关国际规则和标准的制定，促进数据跨境安全、自由流动。

第十二条　任何个人、组织都有权对违反本法规定的行为向有关主管部门投诉、举报。收到投诉、举报的部门应当及时依法处理。

有关主管部门应当对投诉、举报人的相关信息予以保密，保护投诉、举报人的合法权益。

第二章　数据安全与发展

第十三条　国家统筹发展和安全，坚持以数据开发利用和产业发展促进数据安全，以数据安全保障数据开发利用和产业发展。

第十四条 国家实施大数据战略，推进数据基础设施建设，鼓励和支持数据在各行业、各领域的创新应用。

省级以上人民政府应当将数字经济发展纳入本级国民经济和社会发展规划，并根据需要制定数字经济发展规划。

第十五条 国家支持开发利用数据提升公共服务的智能化水平。提供智能化公共服务，应当充分考虑老年人、残疾人的需求，避免对老年人、残疾人的日常生活造成障碍。

第十六条 国家支持数据开发利用和数据安全技术研究，鼓励数据开发利用和数据安全等领域的技术推广和商业创新，培育、发展数据开发利用和数据安全产品、产业体系。

第十七条 国家推进数据开发利用技术和数据安全标准体系建设。国务院标准化行政主管部门和国务院有关部门根据各自的职责，组织制定并适时修订有关数据开发利用技术、产品和数据安全相关标准。国家支持企业、社会团体和教育、科研机构等参与标准制定。

第十八条 国家促进数据安全检测评估、认证等服务的发展，支持数据安全检测评估、认证等专业机构依法开展服务活动。

国家支持有关部门、行业组织、企业、教育和科研机构、有关专业机构等在数据安全风险评估、防范、处置等方面开展协作。

第十九条 国家建立健全数据交易管理制度，规范数据交易行为，培育数据交易市场。

第二十条 国家支持教育、科研机构和企业等开展数据开发利用技术和数据安全相关教育和培训，采取多种方式培养数据开发利用技术和数据安全专业人才，促进人才交流。

第三章 数据安全制度

第二十一条 国家建立数据分类分级保护制度，根据数据在经济社会发展中的重要程度，以及一旦遭到篡改、破坏、泄露或者非法获取、非法利用，对国家安全、公共利益或者个人、组织合法权益造成的危害程度，对数据实行分类分级保护。国家数据安全工作协调机制统筹协调有关部门制定重要数据目录，加强对重要数据的保护。

关系国家安全、国民经济命脉、重要民生、重大公共利益等数据属于国家核心数据，实行更加严格的管理制度。

各地区、各部门应当按照数据分类分级保护制度，确定本地区、本部门以及相关行业、领域的重要数据具体目录，对列入目录的数据进行重点保护。

第二十二条 国家建立集中统一、高效权威的数据安全风险评估、报告、信息共享、监测预警机制。国家数据安全工作协调机制统筹协调有关部门加强数据安全风险信息的获取、分析、研判、预警工作。

第二十三条 国家建立数据安全应急处置机制。发生数据安全事件，有关主管部门应当依法启动应急预案，采取相应的应急处置措施，防止危害扩大，消除安全隐患，并及时向社会发布与公众有关的警示信息。

第二十四条 国家建立数据安全审查制度，对影响或者可能影响国家安全的数据处理活动进行国家安全审查。

依法作出的安全审查决定为最终决定。

第二十五条 国家对与维护国家安全和利益、履行国际义务相关的属于管制物项的数据依法实施出口管制。

第二十六条 任何国家或者地区在与数据和数据开发利用技术等有关的投资、贸易等方面对中华人民共和国采取歧视性的禁止、限制或者其他类似措施的，中华人民共和国可以根据实际情况对该国家或者地区对等采取措施。

第四章 数据安全保护义务

第二十七条 开展数据处理活动应当依照法律、法规的规定，建立健全全流程数据安全管理制度，组织开展数据安全教育培训，采取相应的技术措施和其他必要措施，保障数据安全。利用互联网等信息网络开展数据处理活动，应当在网络安全等级保护制度的基础上，履行上述数据安全保护义务。

重要数据的处理者应当明确数据安全负责人和管理机构，落实数据安全保护责任。

第二十八条 开展数据处理活动以及研究开发数据新技术，应当有利于促进经济社会发展，增进人民福祉，符合社会公德和伦理。

第二十九条 开展数据处理活动应当加强风险监测，发现数据安全缺陷、漏洞等风险时，应当立即采取补救措施；发生数据安全事件时，应当立即采取处置措施，按照规定及时告知用户并向有关主管部门报告。

第三十条　重要数据的处理者应当按照规定对其数据处理活动定期开展风险评估，并向有关主管部门报送风险评估报告。

风险评估报告应当包括处理的重要数据的种类、数量，开展数据处理活动的情况，面临的数据安全风险及其应对措施等。

第三十一条　关键信息基础设施的运营者在中华人民共和国境内运营中收集和产生的重要数据的出境安全管理，适用《中华人民共和国网络安全法》的规定；其他数据处理者在中华人民共和国境内运营中收集和产生的重要数据的出境安全管理办法，由国家网信部门会同国务院有关部门制定。

第三十二条　任何组织、个人收集数据，应当采取合法、正当的方式，不得窃取或者以其他非法方式获取数据。

法律、行政法规对收集、使用数据的目的、范围有规定的，应当在法律、行政法规规定的目的和范围内收集、使用数据。

第三十三条　从事数据交易中介服务的机构提供服务，应当要求数据提供方说明数据来源，审核交易双方的身份，并留存审核、交易记录。

第三十四条　法律、行政法规规定提供数据处理相关服务应当取得行政许可的，服务提供者应当依法取得许可。

第三十五条　公安机关、国家安全机关因依法维护国家安全或者侦查犯罪的需要调取数据，应当按照国家有关规定，经过严格的批准手续，依法进行，有关组织、个人应当予以配合。

第三十六条　中华人民共和国主管机关根据有关法律和中华人民共和国缔结或者参加的国际条约、协定，或者按照平等互惠原则，处理外国司法或者执法机构关于提供数据的请求。非经中华人民共和国主管机关批准，境内的组织、个人不得向外国司法或者执法机构提供存储于中华人民共和国境内的数据。

第五章　政务数据安全与开放

第三十七条　国家大力推进电子政务建设，提高政务数据的科学性、准确性、时效性，提升运用数据服务经济社会发展的能力。

第三十八条　国家机关为履行法定职责的需要收集、使用数据，应当在其履行法定职责的范围内依照法律、行政法规规定的条件和程序进行；对在履行职责中知悉的个人隐私、个人信息、商业秘密、保密商务信息等数据应当依法予以保密，不得泄露或者非法向他人提供。

第三十九条　国家机关应当依照法律、行政法规的规定，建立健全数据安全管理制度，落实数据安全保护责任，保障政务数据安全。

第四十条　国家机关委托他人建设、维护电子政务系统，存储、加工政务数据，应当经过严格的批准程序，并应当监督受托方履行相应的数据安全保护义务。受托方应当依照法律、法规的规定和合同约定履行数据安全保护义务，不得擅自留存、使用、泄露或者向他人提供政务数据。

第四十一条　国家机关应当遵循公正、公平、便民的原则，按照规定及时、准确地公开政务数据。依法不予公开的除外。

第四十二条　国家制定政务数据开放目录，构建统一规范、互联互通、安全可控的政务数据开放平台，推动政务数据开放利用。

第四十三条 法律、法规授权的具有管理公共事务职能的组织为履行法定职责开展数据处理活动，适用本章规定。

第六章 法律责任

第四十四条 有关主管部门在履行数据安全监管职责中，发现数据处理活动存在较大安全风险的，可以按照规定的权限和程序对有关组织、个人进行约谈，并要求有关组织、个人采取措施进行整改，消除隐患。

第四十五条 开展数据处理活动的组织、个人不履行本法第二十七条、第二十九条、第三十条规定的数据安全保护义务的，由有关主管部门责令改正，给予警告，可以并处五万元以上五十万元以下罚款，对直接负责的主管人员和其他直接责任人员可以处一万元以上十万元以下罚款；拒不改正或者造成大量数据泄露等严重后果的，处五十万元以上二百万元以下罚款，并可以责令暂停相关业务、停业整顿、吊销相关业务许可证或者吊销营业执照，对直接负责的主管人员和其他直接责任人员处五万元以上二十万元以下罚款。

违反国家核心数据管理制度，危害国家主权、安全和发展利益的，由有关主管部门处二百万元以上一千万元以下罚款，并根据情况责令暂停相关业务、停业整顿、吊销相关业务许可证或者吊销营业执照；构成犯罪的，依法追究刑事责任。

第四十六条 违反本法第三十一条规定，向境外提供重要数据的，由有关主管部门责令改正，给予警告，可以并处十万元以上一百万元以下罚款，对直接负责的主管人员和其他直接责任人员可以处一万元以上十万元以下罚款；情节严重的，处一百万元以上一千万元以下罚款，并可以责令暂停相关业务、停业整顿、吊销相关业务许可证或者吊销营业执照，对直接负责的主管人员和其他直接责任人员处十万元以上一百万元以下罚款。

第四十七条 从事数据交易中介服务的机构未履行本法第三十三条规定的义务的，由有关主管部门责令改正，没收违法所得，处违法所得一倍以上十倍以下罚款，没有违法所得或者违法所得不足十万元的，处十万元以上一百万元以下罚款，并可以责令暂停相关业务、停业整顿、吊销相关业务许可证或者吊销营业执照；对直接负责的主管人员和其他直接责任人员处一万元以上十万元以下罚款。

第四十八条 违反本法第三十五条规定，拒不配合数据调取的，由有关主管部门责令改正，给予警告，并处五万元以上五十万元以下罚款，对直接负责的主管人员和其他直接责任人员处一万元以上十万元以下罚款。

违反本法第三十六条规定，未经主管机关批准向外国司法或者执法机构提供数据的，由有关主管部门给予警告，可以并处十万元以上一百万元以下罚款，对直接负责的主管人员和其他直接责任人员可以处一万元以上十万元以下罚款；造成严重后果的，处一百万元以上五百万元以下罚款，并可以责令暂停相关业务、停业整顿、吊销相关业务许可证或者吊销营业执照，对直接负责的主管人员和其他直接责任人员处五万元以上五十万元以下罚款。

第四十九条　国家机关不履行本法规定的数据安全保护义务的，对直接负责的主管人员和其他直接责任人员依法给予处分。

第五十条　履行数据安全监管职责的国家工作人员玩忽职守、滥用职权、徇私舞弊的，依法给予处分。

第五十一条　窃取或者以其他非法方式获取数据，开展数据处理活动排除、限制竞争，或者损害个人、组织合法权益的，依照有关法律、行政法规的规定处罚。

第五十二条　违反本法规定，给他人造成损害的，依法承担民事责任。

违反本法规定，构成违反治安管理行为的，依法给予治安管理处罚；构成犯罪的，依法追究刑事责任。

第七章　附　则

第五十三条　开展涉及国家秘密的数据处理活动，适用《中华人民共和国保守国家秘密法》等法律、行政法规的规定。

在统计、档案工作中开展数据处理活动，开展涉及个人信息的数据处理活动，还应当遵守有关法律、行政法规的规定。

第五十四条　军事数据安全保护的办法，由中央军事委员会依据本法另行制定。

第五十五条　本法自2021年9月1日起施行。

中华人民共和国刑法（节选）

（1979年7月1日第五届全国人民代表大会第二次会议通过　1997年3月14日第八届全国人民代表大会第五次会议修订　根据1998年12月29日第九届全国人民代表大会常务委员会第六次会议通过的《全国人民代表大会常务委员会关于惩治骗购外汇、逃汇和非法买卖外汇犯罪的决定》、1999年12月25日第九届全国人民代表大会常务委员会第十三次会议通过的《中华人民共和国刑法修正案》、2001年8月31日第九届全国人民代表大会常务委员会第二十三次会议通过的《中华人民共和国刑法修正案（二）》、2001年12月29日第九届全国人民代表大会常务委员会第二十五次会议通过的《中华人民共和国刑法修正案（三）》、2002年12月28日第九届全国人民代表大会常务委员会第三十一次会议通过的《中华人民共和国刑法修正案（四）》、2005年2月28日第十届全国人民代表大会常务委员会第十四次会议通过的《中华人民共和国刑法修正案（五）》、2006年6月29日第十届全国人民代表大会常务委员会第二十二次会议通过的《中华人民共和国刑法修正案（六）》、2009年2月28日第十一届全国人民代表大会常务委员会第七次会议通过的《中华人民共和国刑法修正案（七）》、2009年8月27日第十一届全国人民代表大会常务委员会第十次会议通过的《全国人民代表大会常务委员会关于修改部分法律的决定》、2011年2月25日第十一届全国人民代表大会常务委员会第十九次会议通过的《中华人民共和国刑法修正案（八）》、2015年8月29日第十二届全国人民代表大会常务委员会第十六次会议通过的《中华人民共和国刑法修正案（九）》、2017年11月4日第十二届全国人民代表大会常务委员会第三十次会议通过的《中华人民共和国刑法修正案（十）》、2020年12月26日第十三届全国人民代表大会常务委员会第二十四次会议通过的《中华人民共和国刑法修正案（十一）》和2023年12月29日第十四届全国人民代表大会常务委员会第七次会议通过的《中华人民共和国刑法修正案（十二）》修正）

第一百零九条　国家机关工作人员在履行公务期间，擅离岗位，叛逃境外或者在境外叛逃的，处五年以下有期徒刑、拘役、管制或者剥夺政治权利；情节严重的，处五年以上十年以下有期徒刑。

掌握国家秘密的国家工作人员叛逃境外或者在境外叛逃的，依照前款的规定从重处罚。

第一百一十条　有下列间谍行为之一，危害国家安全的，处十年以上有期徒刑或者无期徒刑；情节较轻的，处三年以上十年以下有期徒刑：

（一）参加间谍组织或者接受间谍组织及其代理人的任务的；

（二）为敌人指示轰击目标的。

第一百一十一条　为境外的机构、组织、人员窃取、刺探、收买、非法提供国家秘密或者情报的，处五年以上十年以下有期徒刑；情节特别严重的，处十年以上有期徒刑或者无期徒刑；情节较轻的，处五年以下有期徒刑、拘役、管制或者剥夺政治权利。

第二百八十二条　以窃取、刺探、收买方法，非法获取国家秘密的，处三年以下有期徒刑、拘役、管制或者剥夺政治权利；情节严重的，处三年以上七年以下有期徒刑。

非法持有属于国家绝密、机密的文件、资料或者其他物品，拒不说明来源与用途的，处三年以下有期徒刑、拘役或者管制。

第二百八十七条　利用计算机实施金融诈骗、盗窃、贪污、挪用公款、窃取国家秘密或者其他犯罪的，依照本法有关规定定罪处罚。

第三百九十八条 国家机关工作人员违反保守国家秘密法的规定，故意或者过失泄露国家秘密，情节严重的，处三年以下有期徒刑或者拘役；情节特别严重的，处三年以上七年以下有期徒刑。

非国家机关工作人员犯前款罪的，依照前款的规定酌情处罚。

第四百三十一条 以窃取、刺探、收买方法，非法获取军事秘密的，处五年以下有期徒刑；情节严重的，处五年以上十年以下有期徒刑；情节特别严重的，处十年以上有期徒刑。

为境外的机构、组织、人员窃取、刺探、收买、非法提供军事秘密的，处五年以上十年以下有期徒刑；情节严重的，处十年以上有期徒刑、无期徒刑或者死刑。

第四百三十二条 违反保守国家秘密法规，故意或者过失泄露军事秘密，情节严重的，处五年以下有期徒刑或者拘役；情节特别严重的，处五年以上十年以下有期徒刑。

战时犯前款罪的，处五年以上十年以下有期徒刑；情节特别严重的，处十年以上有期徒刑或者无期徒刑。

中华人民共和国刑事诉讼法（节选）

（1979年7月1日第五届全国人民代表大会第二次会议通过
根据1996年3月17日第八届全国人民代表大会第四次会议《关于修改〈中华人民共和国刑事诉讼法〉的决定》第一次修正
根据2012年3月14日第十一届全国人民代表大会第五次会议《关于修改〈中华人民共和国刑事诉讼法〉的决定》第二次修正
根据2018年10月26日第十三届全国人民代表大会常务委员会第六次会议《关于修改〈中华人民共和国刑事诉讼法〉的决定》第三次修正）

第一编　总　　则

第五章　证　　据

第五十四条　人民法院、人民检察院和公安机关有权向有关单位和个人收集、调取证据。有关单位和个人应当如实提供证据。

行政机关在行政执法和查办案件过程中收集的物证、书证、视听资料、电子数据等证据材料，在刑事诉讼中可以作为证据使用。

对涉及国家秘密、商业秘密、个人隐私的证据，应当保密。

凡是伪造证据、隐匿证据或者毁灭证据的，无论属于何方，必须受法律追究。

第二编　立案、侦查和提起公诉

第二章　侦　　查

第一百五十二条　采取技术侦查措施，必须严格按照批准的措施种类、适用对象和期限执行。

侦查人员对采取技术侦查措施过程中知悉的国家秘密、商业秘密和个人隐私，应当保密；对采取技术侦查措施获取的与案件无关的材料，必须及时销毁。

采取技术侦查措施获取的材料，只能用于对犯罪的侦查、起诉和审判，不得用于其他用途。

公安机关依法采取技术侦查措施，有关单位和个人应当配合，并对有关情况予以保密。

中华人民共和国监察法（节选）

（2018年3月20日第十三届全国人民代表大会第一次会议通过

2018年3月20日中华人民共和国主席令第三号公布）

第四章　监察权限

第十八条　监察机关行使监督、调查职权，有权依法向有关单位和个人了解情况，收集、调取证据。有关单位和个人应当如实提供。

监察机关及其工作人员对监督、调查过程中知悉的国家秘密、商业秘密、个人隐私，应当保密。

任何单位和个人不得伪造、隐匿或者毁灭证据。

第七章　对监察机关和监察人员的监督

第五十六条　监察人员必须模范遵守宪法和法律，忠于职守、秉公执法，清正廉洁、保守秘密；必须具有良好的政治素质，熟悉监察业务，具备运用法律、法规、政策和调查取证等能力，自觉接受监督。

第五十九条　监察机关涉密人员离岗离职后，应当遵守脱密期管理规定，严格履行保密义务，不得泄露相关秘密。

监察人员辞职、退休三年内，不得从事与监察和司法工作相关联且可能发生利益冲突的职业。

中华人民共和国公务员法（节选）

（2005年4月27日第十届全国人民代表大会常务委员会第十五次会议通过
根据2017年9月1日第十二届全国人民代表大会常务委员会第二十九次会议《关于修改〈中华人民共和国法官法〉等八部法律的决定》修正
2018年12月29日第十三届全国人民代表大会常务委员会第七次会议修订
2018年12月29日中华人民共和国主席令第二十号公布）

第二章　公务员的条件、义务与权利

第十四条　公务员应当履行下列义务：

（一）忠于宪法，模范遵守、自觉维护宪法和法律，自觉接受中国共产党领导；

（二）忠于国家，维护国家的安全、荣誉和利益；

（三）忠于人民，全心全意为人民服务，接受人民监督；

（四）忠于职守，勤勉尽责，服从和执行上级依法作出的决定和命令，按照规定的权限和程序履行职责，努力提高工作质量和效率；

（五）保守国家秘密和工作秘密；

（六）带头践行社会主义核心价值观，坚守法治，遵守纪律，恪守职业道德，模范遵守社会公德、家庭美德；

（七）清正廉洁，公道正派；

（八）法律规定的其他义务。

第九章　监督与惩戒

第五十九条　公务员应当遵纪守法，不得有下列行为：

（一）散布有损宪法权威、中国共产党和国家声誉的言论，组织或者参加旨在反对宪法、中国共产党领导和国家的集会、游行、示威等活动；

（二）组织或者参加非法组织，组织或者参加罢工；

（三）挑拨、破坏民族关系，参加民族分裂活动或者组织、利用宗教活动破坏民族团结和社会稳定；

（四）不担当，不作为，玩忽职守，贻误工作；

（五）拒绝执行上级依法作出的决定和命令；

（六）对批评、申诉、控告、检举进行压制或者打击报复；

（七）弄虚作假，误导、欺骗领导和公众；

（八）贪污贿赂，利用职务之便为自己或者他人谋取私利；

（九）违反财经纪律，浪费国家资财；

（十）滥用职权，侵害公民、法人或者其他组织的合法权益；

（十一）泄露国家秘密或者工作秘密；

（十二）在对外交往中损害国家荣誉和利益；

（十三）参与或者支持色情、吸毒、赌博、迷信等活动；

（十四）违反职业道德、社会公德和家庭美德；

（十五）违反有关规定参与禁止的网络传播行为或者网络活动；

（十六）违反有关规定从事或者参与营利性活动，在企业或者其他营利性组织中兼任职务；

（十七）旷工或者因公外出、请假期满无正当理由逾期不归；

（十八）违纪违法的其他行为。

第十三章　辞职与辞退

第八十六条　公务员有下列情形之一的，不得辞去公职：

（一）未满国家规定的最低服务年限的；

（二）在涉及国家秘密等特殊职位任职或者离开上述职位不满国家规定的脱密期限的；

（三）重要公务尚未处理完毕，且须由本人继续处理的；

（四）正在接受审计、纪律审查、监察调查，或者涉嫌犯罪，司法程序尚未终结的；

（五）法律、行政法规规定的其他不得辞去公职的情形。

第十六章　职位聘任

第一百条　机关根据工作需要，经省级以上公务员主管部门批准，可以对专业性较强的职位和辅助性职位实行聘任制。

前款所列职位涉及国家秘密的，不实行聘任制。

中华人民共和国公职人员政务处分法（节选）

（2020年6月20日第十三届全国人民代表大会常务委员会第十九次会议通过

2020年6月20日中华人民共和国主席令第四十六号公布）

第三章　违法行为及其适用的政务处分

第三十九条　有下列行为之一，造成不良后果或者影响的，予以警告、记过或者记大过；情节较重的，予以降级或者撤职；情节严重的，予以开除：

（一）滥用职权，危害国家利益、社会公共利益或者侵害公民、法人、其他组织合法权益的；

（二）不履行或者不正确履行职责，玩忽职守，贻误工作的；

（三）工作中有形式主义、官僚主义行为的；

（四）工作中有弄虚作假，误导、欺骗行为的；

（五）泄露国家秘密、工作秘密，或者泄露因履行职责掌握的商业秘密、个人隐私的。

行政机关公务员处分条例（节选）

（2007年4月4日国务院第173次常务会议通过
2007年4月22日中华人民共和国国务院令第495号公布）

第三章　违法违纪行为及其适用的处分

第二十六条　泄露国家秘密、工作秘密，或者泄露因履行职责掌握的商业秘密、个人隐私，造成不良后果的，给予警告、记过或者记大过处分；情节较重的，给予降级或者撤职处分；情节严重的，给予开除处分。

事业单位工作人员处分规定（节选）

（2023年11月6日中共中央组织部、人力资源社会保障部印发
人社部发〔2023〕58号）

第三章　违规违纪违法行为及其适用的处分

第十八条　有下列行为之一的，给予警告或者记过处分；情节较重的，给予降低岗位等级处分；情节严重的，给予开除处分：

（一）在执行国家重要任务、应对公共突发事件中，不服从指挥、调遣或者消极对抗的；

（二）破坏正常工作秩序，给国家或者公共利益造成损失的；

（三）违章指挥、违规操作，致使人民生命财产遭受损失的；

（四）发生重大事故、灾害、事件，擅离职守或者不按规定报告、不采取措施处置或者处置不力的；

（五）在项目评估评审、产品认证、设备检测检验等工作中徇私舞弊，或者违反规定造成不良影响的；

（六）泄露国家秘密，或者泄露因工作掌握的内幕信息、个人隐私，造成不良后果的；

（七）其他违反工作纪律失职渎职的行为。